企业财税文书精华

——企业财税文书工具箱

戴君 编著

QIYE CAISHUI
WENSHU
JINGHUA

SPM
南方出版传媒
广东经济出版社
·广州·

图书在版编目（CIP）数据

企业财税文书精华—企业财税文书工工具箱/ 戴君编著 .—广州：广东经济出版社，2017. 2
ISBN 978 - 7 - 5454 - 5282 - 2

Ⅰ. ①企… Ⅱ. ①戴… Ⅲ. ①企业管理 - 应用文 - 写作Ⅳ. ①H152. 3

中国版本图书馆 CIP 数据核字（2017）第 027903 号

出 版 人：姚丹林
责任编辑：温键键
责任技编：谢 莹

出版发行	广东经济出版社（广州市环市东路水荫路 11 号 11 ~ 12 楼）
经销	全国新华书店
印刷	茂名广发印刷有限公司 （茂名市计星路 60 号大院）
开本	730 毫米 × 1020 毫米　1/16
印张	15　1 插页
字数	299 000 字
版次	2017 年 2 月第 1 版
印次	2017 年 2 月第 1 次
书号	ISBN 978 - 7 - 5454 - 5282 - 2
定价	30. 00 元

如发现印装质量问题，影响阅读，请与承印厂联系调换。
发行部地址：广州市环市东路水荫路 11 号 11 楼
电话：(020) 38306055　37601950　邮政编码：510075
邮购地址：广州市环市东路水荫路 11 号 11 楼
电话：(020) 37601980　营销网址：http://www.gebook.com
广东经济出版社新浪官方微博：http://e.weibo.com/gebook
广东经济出版社常年法律顾问：何剑桥律师

目　录

第二章　企业财务管理文书

第三章　企业审计文书

第四章　工商税务文书

第一章

财务管理制度与办法

一、财务管理制度

（一）概述

1. 财务管理制度的概念

财务管理制度是指国家通过一定的行政程序制定的，为规范会计核算方法和程序而定的规范性文件。

2. 财务管理制度的分类

财务管理制度是由三个部分组成的完整系统，它包括以下三类：

（1）会计组织系统，它包括会计的组织机构以及在该组织机构下所设置的会计岗位和职责划分。

（2）会计业务处理系统，它规定了各类业务会计处理程序，包括各类业务内部控制要求、会计信息传递程序、处理环节，以及相应凭证、账簿、报表的编制、流转和归档过程。

（3）会计信息系统，它包括两方面的内容，分别是：会计信息核算和报告的指标要求，会计信息收集、分类、记录、传递的载体要求。

3. 财务管理制度的具体内容

具体来说，完整的财务管理制度包括：

（1）会计组织机构及其岗位职责。

（2）会计凭证、会计账户、账簿、会计记账程序和结账程序及会计报表。

（3）按经营业务循环特点分类的会计处理程序。

（二）写作格式与要求

1. 写作格式

财务管理制度由首部和正文两部分组成，详细格式与内容如下：

（1）首部。

首部即标题，它由发文机关、发文事项和文种类别（财务管理制度）三部分组成，发文机关（适用范围）有时可省略，只写事由和文种。适用范围、发布机关、发布日期用括号标在标题下方。

（2）正文。

财务管理制度的正文要分三部分来写：第一部分写明制发制度的缘由，用“特制定本制度”一语承上启下；第二部分写明各项具体条文，并分条写作；第三部分写实施范围、生效日期、修订权、解释权等内容。如内容较多，还应分章撰写。第一部分、第三部分要简明扼要；第二部分要具体切实。

2. 写作要求

（1）规范项目要明确具体，并且符合部门工作实际，便于遵守执行。制度不同于守则，其强制作用十分明显，因而条文务必周严、具体。

（2）财务制度的语言要通俗易懂，具体准确，防止出现重复和无用的语句。

（3）保证制度的条理清楚，条与条、款与款之间应考虑操作顺序和逻辑关系。

（4）保证制度内容的前后一致，确保制度的严肃性。

（三）范例

范例一：

兰德进出贸易有限公司财务管理制度

（2008 年 12 月 1 日）

因德诚公司申请破产后资产重组成立兰德进出口贸易公司，现对原有财务管理制度进行修改和补充，经股东大会一致通过如下：

第一章　财务管理规定

一、财务管理目的

第一条　维护企业所有者的利益，按企业所有者的要求对企业资产进行管理，达到企业资产保值增值，企业价值最大化的目的。

二、财务管理工作职责

第二条　制定并监督执行公司财务管理制度，审核下属公司制度的制定，报总公司董事长批准，并监督其执行情况。

……

三、资产管理

第九条　流动资产的管理。

第十条　固定资产的管理。

1. 下属公司如需添置、外借、出售、捐赠、报废固定资产须经董事长审批通过，方可执行。

2. 对于固定资产其他方面的管理，参照总公司物资管理规定执行。

3. 低值易耗品的管理参照总公司物资管理规定执行。

四、报表管理

第十一条　本规定适用于公司。

……

第二章　财产管理办法（略）

第一条

……

第三章　固定资产管理制度（略）

总则：编号、添置、改良、验收及保管、调拨、出售及报废、盘点

附则：（略）

第四章　固定资产火灾保险事务处理准则

总则：（略）

附则：（略）

第五章　预算管理（略）

第六章　收入管理（略）

第七章　支出管理（略）

第八章　结余及其分配（略）

第九章　专用基金管理（略）

第十章　负债管理（略）

第十一章　财务清算（略）

第十二章　财务报告和财务分析（略）

第十三章　财务监督（略）

范例二：

公司财务管理制度

第一条　为加强公司的财务工作，发挥财务在公司经营管理和提高经济效益中的作用，特制定本规定。

第二条　公司财务部门的职能是：

（一）认真贯彻执行国家有关的财务管理制度。

（二）建立健全财务管理的各种规章制度，编制财务计划，加强经营核算管理，反映、分析财务计划的执行情况，检查监督财务纪律。

（三）积极为经营管理服务，促进公司取得较好的经济效益。

（四）厉行节约，合理使用资金。

（五）合理分配公司收入，及时完成需要上交的税收及管理费用。

（六）对有关机构及财政、税务、银行部门了解、检查财务工作，主动提供有关资料，如实反映情况。

（七）完成公司交给的其他工作。

第三条　公司财务部由总会计师、会计、出纳和审计工作人员组成。在没有专职总会计师之前，总会计师职责由会计兼任承担。

第四条　公司各部门和职员办理财会事务，必须遵守本规定。

财务工作岗位职责（略）

财务工作管理（略）

支票管理（略）

现金管理（略）

会计档案管理（略）

处罚办法（略）

附则（略）

二、企业内部会计制度

（一）概述

1. 企业内部会计制度的内容

内部会计制度是指根据国家会计法律、法规、规章、制度的规定，综合本企业的经营管理要求和业务特点而制定的会计制度，它包括会计核算组织体系、会计监督体系及其他涉及会计工作的有关方面的制度和办法，其最终目的是为了规定企业内部会计管理活动，具体包括如下内容：会计核算制度、会计监督制度、会计机构和会计人员制度、会计工作管理制度。

2. 制定企业内部会计制度需要遵循的原则

为保证内部会计制度科学、合理，切实可行，制定内部会计管理制度应当遵循一定的原则。

（1）适用性原则。

各单位制定的内部会计管理制度应与本单位的生产经营、业务管理的要求相符合，从实际出发，使内部会计管理制度适应内部管理的要求并发挥作用。

（2）合法性原则。

依法办事是会计工作的首要准则，是制定单位内部会计管理制度的首要原则。因此各单位制定的内部会计管理制度应当严格遵照执行法律、法规和国家统一的财务会计制度的规定，同时各单位的自主理财权和会计核算方法的选择权，应在法律允许的范围内进行，不能超出法律法规允许的界限。

（3）目的性原则。

此项原则要求财务总监进行会计制度设计前，明确自己的目的是什么，想解决什么样的问题。在进行设计前，财务总监应考虑制度的适用范围是什么；哪些特殊业务或内部监控需要设置内部科目，使用内部科目需具备什么条件；为了及时、全面地得到集团内部企业的财务信息及它们之间交易的情况，如何设计内部报表（报告），同时辨别下属企业对集团的依存程度，如资金来源或利润来源。目的性原则在大型企业集团的会计制度设计时尤为重要。

（4）科学性原则。

企业内部会计制度的科学性主要由以下几个方面来体现：

①可操作性强。科学合理的内部会计管理制度便于操作和执行。

②可控制性强。内部会计管理制度必须体现内部控制的要求，以满足现代管理的需求。

③易检查。内部会计管理制度的制定应能及时了解其执行的情况，并有及时了解的途径。否则制度的制定就会失去控制和规范的作用。

④及时更新。各单位制定的内部会计管理制度应根据具体情况和管理的要求不断进行完善，以此满足管理者的要求。

（5）规范性原则。

规范性原则主要包括：①内部会计管理制度要符合并体现会计学科的基本原理和方法，不能与会计学科的基本要求相违背。②内部会计管理制度的内容要全面，并以此规范会计事务的各个方面及环节的工作。各单位制定的内部会计管理制度应当全面规范本单位的各项会计工作，保证会计工作的有序进行。

（二）写作格式

制度可分为标题、正文和结尾三部分，写法是条文式，即把制度内容分条款逐一写出。

1．标题

包括制定单位、工作内容和文种三部分。若在结尾标出制定单位的，标题中可省略。

2．正文

正文是会计制度的核心。撰写条款前应加一小段引言，简要、概括地说明制定这项制度的原因、根据、目的等情况，并分条撰写。企业内部的制度可以不写引文，直接写条款。条款写完后还要写明此项制度从什么时间开始执行。

3．结尾

在正文的后面写明制定单位、公布日期，即结尾。企业内部制度行文不必盖章，如是政府机关或某个系统制定的须广泛下发执行制度，必须在落款处加盖公章，以增强其真实性和严肃性。

（三） 范例

尚成公司内部会计制度

一、总说明

（一）为了适应我国社会主义市场经济发展的需要，加强本公司会计工作，维护投资者和债权人的合法权益，根据《中华人民共和国会计法》、《中华人民共和国公司法》、《企业会计准则》、《股份有限公司会计制度》以及国家其他有关法律、法规，特制定本制度。

（二）本制度由会计科目和会计报表以及相关附件组成。会计科目和会计报表规范基本业务的会计核算以及财务报告的编制和披露；附件主要包括特殊行业和特殊业务的会计处理规定。

（三）公司应当按照《企业会计准则》规定的一般原则和本制度的要求进行会计核算，在不违背《企业会计准则》、《股份有限公司会计制度》和本制度规定的原则下，可结合本公司的具体情况，制定本公司的会计制度。

（四）会计科目运用规范。

（五）本公司应按以下规定编制和提供财务报告。

二、会计科目名称和编号（略）

三、会计报表编制说明（略）

三、会计岗位责任制

（一） 概述

1. 会计工作岗位的概念

会计工作岗位，是对一个单位的会计工作进行具体分工而设置的一个职能岗位。会计人员的配备数量，同单位的大小、业务的多少、资产的规模、经营管理的要求、核算的组织形式以及采用何种核算手段等，都存在密切关系，并体现在会计工作岗位的设置上。同时，一个单位的会计人员配备，既有质量问题，也有数量问题。就数量问题而言，一个单位到底配备多少会计人员合适，是一个因行业、单位而异而需作出具体回答的问题。因此，会计工作岗位的设置对企业会计工作有着重要的影响。

2. 会计工作岗位责任制的概念和作用

会计工作岗位责任制是独立核算的企业会计机构对会计人员进行岗位职责分工的管理制度，即会计人员的工作岗位责任制度。

制定会计岗位责任制有以下作用：

（1）合理分工职责，严明核算纪律，改进工作作风，提高工作效率，加强会计管理与监督。

（2）切实做到事事有人管，人人有专责，办事有要求，检查有标准，保证会计工作基础有条不紊地进行。

（3）既能使会计工作有明确分工，还能相互联系，密切配合，发扬互助协作的精神，共同搞好会计工作。

（4）有计划地组织不同岗位的工作人员进行轮换和培训，达到全面提高业务水平的目的，防止岗位发展不均衡。

（二）写作格式

会计岗位责任制一般无固定格式，一般来说，只要包括以下内容即可：

（1）具体会计岗位的设置。应参照财政部颁发的《会计工作基础规范》的规定。通常应设立的会计岗位有：会计主管、财产物资核算、工资核算、成本费用核算、收入利润核算、资金核算、往来核算、总账报表、稽核等。

（2）结合具体情况设置岗位及配备人员。如根据业务量大小和会计人员多少，有的会计人员可一人多岗，也可以一岗多人。

（3）对每个岗位都设定相应的内部规章制度。如规定出纳不得兼管稽核或会计、会计档案的保管，以及收入、费用、债权、债务账目的登记工作等。

（4）对会计岗位进行定期或不定期轮换。

（三）范例

范例一：

尚成股份有限公司总会计师岗位责任制

一、依据《会计法》和有关财经法规、政策、制度的规定，领导本公司的财会人员办理会计事务，进行会计核算，实行会计监督，合理分配企业收益，协调好各方面的经济关系。

保护公司财产不受侵犯，维护股东合法权益。

支持会计人员依法行使职权，对违反国家财经法律、法规、政策、制度和有可能在经济上给国家和公司造成损失浪费的行为，要加以制止或纠正。

制止或纠正无效时，应按《会计法》第十九条的规定处理。

总会计师在公司董事会和总经理领导下进行工作，并对董事会、总经理负责。

二、组织领导财会人员和业务人员搞好市场预测、财务预测、价格预测和新产品开发目标成本预测，研究市场动向，协助公司总经理对企业总体规划以及总体经营目标作出决策，并随时向总经理或董事会提出财务决策建议（包括筹资、投资、存货、成本、定价、销售、利润决策），参与新产品开发、技术改造、科研、商品价格、工资奖金分配等方案的制定和重要经济合同、经济协议的洽谈、审查、签订工作，以确保公司决策具有较高的效益性。

三、组织领导本公司的财务管理、成本管理、预算管理等方面工作：(1) 编制和执行财务收支预算、信贷计划，拟订资金筹措和使用方案，开辟财源，提高资金使用效果；(2) 实行财务、成本的目标管理，进行预测、规划、调控、分析和考核，监督各部门降低消耗、节约费用，更好地运用企业资产和资源，努力提高企业的盈利能力、营运能力、偿债能力，负责企业财务、成本目标的实现。

四、组织公司各职能机构制定合理有效的责任会计制度和各项具体工作的处理程序。把公司会计工作同各责任单位应承担的责任紧密地结合起来，并依照成本效益原则，有效地进行成本控制、期间费用控制、资产控制、利润控制，在公司内部形成一个比较严密的控制体系，从而使公司的人力、物力、财力等有限资源得到合理的使用。

五、组织财会人员对公司各责任单位承担的财务指标，进行定期的考核与评价，对预期可能发生的或已经发生的各种不协调现象进行有效的调节，努力挖掘增收节支的潜力，调动企业内部各责任单位提高经济效益的积极性，保证预算目标的实现。

六、审查并签署公司财务收支预算、成本费用计划、信贷计划、会计报告、会计决算、财务评价和专题报告。

七、审查涉及财务收支或关系企业经济效益的业务计划、经济合同、经济协议和项目建议书、可行性研究报告等，并参加会签。

八、对公司内部会计机构的设置和会计人员的任用、晋升、调动、奖惩提出意见，组织会计人员的业务培训与考核。

九、承办公司董事会和总经理交办的其他工作。

范例二：

尚成股份有限公司会计主管岗位职责

一、按照《会计法》和有关财经法规、政策和制度的规定，负责组织本公司的财会人员办理会计事务，进行会计核算，实行会计监督。协助总会计师工作，支持会计人员依法行使职权，发挥公司会计机构的核算职能、监督职能、规划职能、控制职能、调节职能和评价职能作用。

二、具体组织公司的财务会计、管理会计、股本会计工作。认真贯彻执行国家统一的财务制度和会计制度，并从本公司的实际出发，会同有关职能部门制定公司内部办理会计事务和财产物资的各项规章制度，同有关方面共同贯彻执行。

三、根据有关规定，负责制定公司内部的会计岗位责任制。即结合本公司会计运作情况和经营管理的需要，制定出各岗位分工合理，既明确职责范围，又能够密切协作的工作规划，并坚持严格考核，促进会计工作的科学化、规范化，不断提高工作质量和运作效率。

四、搞好市场容量预测、市场占有率预测和保本点预测、成本预测、利润预测、资金需要量预测等项财务预测，充分运用会计信息和资料向公司经理、总会计师提供生产决策、短期经营决策、长期投资决策的依据。参加生产经营会议，参与审查或拟定重要的经济合同和经济协议，为提高公司的盈利能力、营运能力、偿债能力，减少损失，献计献策。

五、根据公司的经营目标和整体经营规划，定期组织有关岗位编制财务收支预算、成本计划和期间费用计划。并将已定的计划指标按经济责任范围下达给各责任单位，落到实处，作为控制标准，定期进行检查，认真总结分析，实事求是进行业绩评价，针对存在的问题，提出建议和措施。

六、按照国家的规定，积极从不同渠道、采取不同方式筹集资本金。编制集资的长期规划和短期计划，并办理集资申报、注册和验证等手续，力促其实现。

七、负责对企业日常财务活动的管理；按期编制各种长短期负债的偿债计划；开展全面预算管理，严格控制财务收支；建立现金和各种银行存款的内部控制制度，经常检查货币资金收支和管理情况。

八、负责按国家有关规定，严格审查应交税金、应交利润和其他应交款项，督促有关岗位办理转交手续，做到按期足额完成上交任务，不挪用、不截留、不拖欠。

九、定期或不定期地向公司和董事会、监事会汇报企业财务状况和经营成果，提报企业财务评价；按会计制度规定，及时向有关方面报送会计报表，认真审查对外报出的会计报表和其他会计资料，保证数字准确，真实可靠，并按董事会的要求发表股票上市报告书、业绩报告和公告。

十、按国家《会计档案管理办法》的规定，指定有关岗位专门保管暂存于会计部门的会计档案，定期立卷按期移交档案部门归档。

十一、监督因调动工作或因故离职的会计工作人员，认真办理会计交接手续。保证会计记录的连续性和会计资料的完整性。

十二、负责按有关规定，建立财产清查制度，定期组织有关部门共同进行财产清查工作。并结合财产清查，促使有关部门不断完善管理制度，改进管理方法。根据公司决定，按经营管理要求，协助有关部门做好核定机器设备需要量和物资储备定额等项工作。

十三、组织公司会计工作人员学习业务技术，学习现代工业会计的理论和方法，不断提高会计工作人员的专业素质。要全面熟悉《企业业务通则》、《企业会计准则》和股份制企业财务制度、会计制度，并根据现代要求，组织学习现代经济管理知识，以适应市场经济发展的需要。

十四、承办总经理、总会计师交办的其他工作。

范例三：

红星皮鞋厂出纳岗位责任制度

一、办理现金收付和银行结算业务

1. 严格按照国家有关现金管理和银行结算制度及外汇管理规定，根据财务部主办会计审核签章的收款凭证和付款凭证，办理款项的收付。

2. 收付款后，要在收付款凭证及原始凭证附件上加盖“收讫”、“付讫”戳记，并在登记后于次日将收付款凭证返回财务部主办会计。

二、登记现金及银行存款日记账

1. 在会计人员编制凭证无误的情况下负责现金收付业务，并及时登记现金日记账，每天结出余额与实存现金核对。

2. 按币别和账号分开设置并登记“现金日记账”、“银行存款日记账”，并结出余额。

3. 办理各种转账结算业务，根据会计制证收受各种票据（如银行汇票、商业汇票、银行本票、支票等），填写进账单办理银行入账手续。根据会计制证签发各种票据，办理付款手续，并负责登记银行存款日记账，做到日清月结，并负责核对银行对账单，定期填报银行存款余额调节表。

三、保管库存现金和各种有价证券

1. 对于现金和各种有价证券，要确保其安全和完整无缺，如有短缺，要负赔款责任。

2. 要保守保险柜秘密，保管好钥匙，不得任意转交他人。

四、保管有关印章、空白收据和空白支票

1. 负责登记各种票据领用登记簿（含票据名称、号码、领用日期、付款单位、付款用途和领票人等内容）。

2. 负责保管预留银行印鉴中的任一枚印章（如支票专用章或出纳员私章）。

3. 对于空白收据和空白支票，必须严格管理，专设登记簿登记，认真办理领用注销手续。

四、财务报销制度

（一）概述

1. 财务报销制度的概念

财务报销制度是针对公司内部各种业务活动费用（借款、差旅费、招待费、部门日常费用、培训费等）报销业务的管理而制定的标准及程序。

2. 财务报销制度的制定原则

财务报销制度的制定要遵循两个原则。

（1）对发生款项提前做出明确界定，确保所有费用在预算范围内，严格控制费用支出。

（2）保证费用的收支合理、合法、合规，费用发生后应准确得到记录。

3. 财务报销制度的制定要求

有效的借款报账管理制度，在制定时应注意以下几点：

（1）经部门或业务经理批准。

要确定部门经理是否同意报销，同意报销的费用是否属计划内，是否合理，是否超过费用标准或部门预算。

（2）手续必须齐全。

财务报销制度中应明确规定借款、报销的办理手续，若借款手续不全，财务部门有权不借款；报销的原始凭证若有涂改现象或大小写金额不相符，财务部有权不予受理。

（3）费用发生项目必须符合报销政策。

制度中要对报销范围做出严格限定，范围外的报销不予受理。

（4）会计主管应定期进行审核。

审核凭证科目使用是否正确，原始票据与报销单金额是否一致，数据计算是否正确。

（二）范例

范例一：

尚成公司上海分公司财务报销制度

1. 费用报销：

(1) 一切费用要在核定批准的费用定额范围内开支，超支部分须经企业主管领导批准方可向财务部报销；

(2) 已经取得原始发票的只要填制报销凭证，由经办人验收或证明人签章、领导签字即可报销，已批准的费用定额内的由部门领导人签字，定额外的由企业主管领导签字；

(3) 未取得原始发票而要先付款时，可以先到财务部办理借款，经领导批准后（已经批准的费用定额内的由部门领导签字，定额外的由总经理签字）一周之内办理报销手续，同时撤回借款单第三联。

2. 固定资产报销：

(1) 必须先有批准的购置计划才能购置固定资产，需购置商品必须经总经理室向有关部门办理专项控制证明单才能购买；

(2) 如果在当日内购置，经领导批准可借用空白支票在计划范围内购置，如能事先知道价格、单位名称及账号者，可办理借款手续，经领导批准后由财务部开支票；

(3) 固定资产报销时须建立固定资产卡片，并有资产编号，财务部才准予报销；

(4) 固定资产经财务部报销后，列入“内部往来成本费用”科目。

3. 流动资产报销：

(1) 采购部门应提出次月原材料及备用品、备件购置的购料计划，经领导批准后报财务部作出次月定额用款计划；

(2) 凡购入材料物品，必须填写入库验收单一式三联，采购、仓库、财务部各一联，填好验收单后，才予以报销；

(3) 材料物品领用时，必须填领料单一式三联，领用人、仓库、财务部各一联；

(4) 仓库保管员兼材料会计，每月应与财务部核对账目，发现问题及时找出原因，并予以更正；

(5) 采购部门可借支备用金，作为零星购料周转，工程部也可以借支备用金，作为急需采购维修物品用，年终备用金全部交财务部；

(6) 采购人员经领导批准可借支空白支票（限制一定数额内开支），但必须在三天内到财务部报销，如果取得正式发票，可办理报销手续，不再借支空白支票；

(7) 各项预付款先填借款单，按合同要求经企业主管领导批准后再付款；

(8) 低值易耗品报销手续必须建立低值易耗品卡片；

(9) 年终物资部应盘点一次，列出材料清单与财务部核对，并作出盈亏表。

范例二：

雪心服饰公司费用报销规定

第一条　现金报销需填制报销凭证，按凭证内容要求在“摘要”处填写报销内容及金额，由部门经理、审核人员、总经理审核签字后交财务核报。

第二条　申购物品须事先填制物品申购单，经部门经理、办公室签字后交财务部，物品单价在300元以上（含300元）须总经理审核签字，未经审批，擅自购买者不得报销。财务人员审核时应对照已收到的申购单。购买物品原则上由办公室办理，专业用品自行购买后至办公室办理登记，向财务部核报。

第三条　员工因工作需要不能回公司就餐的，可凭发票每人每餐报销10元。外出联系工作，应乘坐公交车辆，按实报销，若有特殊情况，经部门经理事先同意方可乘坐出租车辆，报销时须在发票上写明出发地、目的地。

第四条　业务招待费：因工作需要招待客户或赠送礼品，费用在1 000元以上者应事先填制特批单，报总经理审核签字后交财务部，财务人员审核时应对照已收到的特批单。员工因工作需要所支付的业务招待费在报销时须向部门经理、审核人员主动说明，并由经办人及部门经理在该张发票背后签字。

第五条　市外差旅费：员工因公赴外省、市出差，路程超过6小时及需要过夜的可购买硬卧火车票，轮船票不超过三等舱位；遇有急事需乘飞机的，必须事先填制特批单，经总经理签字后交财务部。财务人员审核报销时须对照已收到的特批单。住宿费每日标准为150元，伙食补贴每日80元，上述两项费用可累计使用。

第六条　员工参加有关于本职工作的进修需经部门经理、总经理同意，并至管理部登记备案，所发生培训费用按公司制定有关规定予以报销。

第七条　员工因病就诊发生的费用按公司有关医疗费用报销规定执行。

第八条　员工因探病发生的费用，除受总经理委派外，均不能报销。

第九条　手机费：凡公司员工领用手机，每月月租费应控制在200元以下，超出部分由领用人自行承担，遇特殊情况需提高额度，应填制特批单，经总经理批准。

五、企业内部结算制度

（一）概述

1. 企业内部结算制度的概念

内部结算制度是企业管理结算业务的基本制度，也是企业内部办理结算的基本方法和准则。

2. 企业内部结算制度的意义

严格科学的企业内部核算制度能确保《银行结算办法》已的确贯彻落实，促进财务收付行为的规范化，维护结算秩序，保证债权、债务的顺利清偿并加速结算资金的周转。

3. 企业内部结算制度的方式

结算业务通常包括现金结算和转账结算两种方式，前者的结算方式是现款，而后者的结算方式是通过银行账户划转款项。由于国家颁发的《现金管理条例》对现金使用范围作了严格的限定，因此，转账结算成为企业结算业务的主要方式。

（二）写作格式

内部结算制度包含标题和正文两部分。

1. **标题**

写明单位名称和文种，如“××公司财务结算制度”。

2. **正文**

正文是结算制度的主要内容，它包括：制定制度的目的和依据、产品销售结算办法、原料进购结算办法，以及其他财务结算和制度的批准、实施。

（三）范例

尚成公司内部结算制度

为确保结算工作的顺利开展，严肃结算纪律，使企业内部结算工作进一步规范化，特制定本制度。

一、销货结算。

1. 必须坚持货出去钱进来、钱货两清的原则，原则上不赊销。

2. 必须遵守结算纪律：

（1）不准出租出借本企业的银行账户；

（2）不准签发空头支票和远期支票；

（3）不准套用银行信用等。

3. 销货结算必须严格执行《银行结算办法》的统一要求。

4. 现金结算（现款结算）应严格控制，除零星销售业务可收取现金外，其余通过银行划账进行转账结算。销货业务收取的现金不得坐支，应及时存入银行。

5. 转账结算：

（1）异地销售：销售金额超过人民币 50 万元的，应采用异地托收承付结算方式；销售不足 50 万元的，应采用异地委托收款结算方式。无论采用哪种结算方式，均须签订合同协议，提供销货发票和发货运单。

（2）商品销价按合同协议定价作价。

（3）运费价格：铁道运输按铁路运价表规定的货物种类、运输里程、货物吨位、运价率作价；水上运输按水运价格表作价。

（4）通过合同协议约定，异地销售可采用汇兑结算方式和受理银行汇票，但必须收到买方信（电）汇款和接收银行受理银行汇票无误后，我公司方可发货。

(5) 对同城销售：①可受理银行本票，财会人员应严格审核所受理银行本票的合规性（本票是否过期，收款单位是否准确，大小写金额是否相等，银行印鉴是否清晰)。②慎重受理转账支票。财会人员应注意审核：A. 是否符合合同协议的约定；B. 对有经济实力且信誉好的客户，可受理进账的转账支票；C. 对缺乏了解的客户则应采用倒进账的转账支票（即由客户先去其开户银行下账），收到本公司开户银行的收款通知后发货。

二、领用材料物资结算。

本公司内部领用材料物资，一律根据材料价格目录规定的内部计划价格作价，月终按材料物资的存领比例摊销材料价格差异。

三、内部劳务价格结算。

1. 本公司内部请用修理工的工费，按“机修车间技工内部劳务价格表”作价。

2. 本公司内部调用汽车，按“汽车内部运输价格表”作价。

四、凡违反内部结算办法的单位和个人，必须追究责任人及其有关部门负责人的行政责任和经济责任。

本制度经公司领导同意自××××年×月×日起执行。

六、会计档案管理办法

（一） 概述

1. 会计档案的概念

会计档案指会计凭证、会计账簿和会计报表等会计核算资料。会计档案是记录和反映经济业务的重要史料和证据。会计档案是各单位档案的重要组成部分，也是顺利进行会计核算工作的依据。

2. 会计档案的分类

依据不同的会计工作，可将其记录分为不同的种类：

（1）财务报告类：月度、季度、年度财务报告，包括会计报表、附表、附注及文字说明、其他财务报告。

（2）会计账簿类：总账、明细账、日记账、固定资产卡片、辅助账簿、其他会计账簿。

（3）会计凭证类：原始凭证、记账凭证、汇总凭证、其他会计凭证。

（4）其他：银行存款余额调节表、银行对账单、其他应当保存的会计核算专业资料、会计档案移交清册、会计档案保管清册、会计档案销毁清册。

（二）写作格式

会计档案管理制度包括首部、正文和结尾三部分。

1. 首部

首部即标题、制发时间和依据等内容。

标题主要包括发文机关、事由、文种构成。

制发时间、依据一般在标题之下用括号注明。有的办法可不用写这一内容。

2. 正文

正文一般要包括依据、规定、说明这 3 项要素。

其中各条规定，是档案管理的主体部分，要将具体内容和措施依次逐条写清楚。

3. 结尾

结尾必须注明实施的日期和实施细节。

会计档案管理办法要覆盖会计档案管理的各个环节，包括会计档案的收集、整理、立卷、归档、保管、统计、利用、编研及鉴定销毁等。

（三）范例

企业会计档案管理制度

第一条　为加强会计管理，特制定本管理办法。

第二条　企业的会计档案包括：会计凭证、会计账簿、会计报告、查账报告、验资报告、财务会计制度以及与经营管理和投资者权益有关的其他重要文件，如合同、章程、董事会计等各种会计资料。

第三条　会计档案的保存。

财务部应有专人负责保存会计档案，定期将财务部归档的会计资料，按顺序立卷登记有效。

会计档案的保管期限分为永久保存和定期保存两类，具体和保管年限附下表。

会计档案保管期满需要销毁时，由会计档案管理人员提出销毁意见，经部门经理审查，总经理批推，报上级有关部门批准后执行。由会计档案管理人员编制会计档案销毁清册，销毁时应由审计部和财务部有关人员共同参加，并在销毁单上签名或盖章。

第四条　会计档案的借用。

财务人员因工作需要查阅会计档案时，必须按规定顺序及时归还原处，若要查阅入库档案，必须办理有关借用手续。

集团内各单位若因公需要查阅会计档案时，必须经本单位领导批准证明，经财务经理同意，方能由档案管理人员接待查阅。

外单位人员因公需要查阅会计档案时，须持有单位介绍信，经财务部经理同意后，方能由档案管理人员接待查阅，并由档案管理人员详细登记查阅会计档案人员的工作单位、查阅日期、会计档案名称及查阅理由。

会计档案一般不得带出室外，如有特殊情况，需带出室外复制时，必须经财务部经理批准，并限期归还。

第五条　由于会计人员的变动或会计机构的改变等，会计档案需要转交时，须办理交接手续，并由监交人、移交人、接收人签字或盖章。

第六条　本办法适用于公司总部、下属全资及控股企业。

表3-5　会计档案保管期限

<table>
<tr><th>档案名称</th><th>保管期限</th></tr>
<tr><td>（一）会计凭证类</td><td>15年</td></tr>
<tr><td>1. 原始凭证、记账凭证</td><td rowspan="2">永久</td></tr>
<tr><td>其中：涉及外来和对私改造的会计凭证</td></tr>
</table>

续表

档案名称	保管期限
2. 银行存款余额调节表	5年
（二）会计账簿类	
1. 日记账	15年
其中：现金和银行存款日记账	25年
2. 明细账、总账、辅助账	15年
3. 涉及外来和对私改造的会计账簿	永久
（三）会计报表类	
1. 主要财务指标报表	3年
2. 月、季度会计报表	15年
3. 年度会计报表	永久
（四）其他类	
1. 会计档案保管清册及销毁清册	25年
2. 财务成本计划	3年
3. 主要财务会计文件、合同、协议	永久

七、企业现金收支管理办法

（一）概述

企业现金收支管理办法是对企业现金收入与支出管理作出的相关规定。现金收入管理直接反映了本企业收入款项情况，是对其他单位汇入本企业的各种款项进行管理。现金支出管理直接反映了本企业的费用支出情况，是对现金使用范围及现金支出进行管理。

（二）写作要点

现金收支管理办法撰写时必须注意六大点：

1．明确本办法管理范围

（1）明确规定收入金额及支出金额的界定。公司现金收支管理办法所称收入金额一般是指由财务部汇入各单位银行账户内的金额，支出金额则是指各部门的费用，包括各部门自行支付的一切费用，包括可控费用和不可控费用。

（2）明确本办法执行部门。一般来说，公司财务部门为现金收支归口管理部门；同时各部门应设定专门负责岗位或者专门负责人，接受公司财务部门的领导。

2．明确规定收入管理办法

除留存必要的准备金外，各单位的收入（包括支票、现金），均应于当日规定时间（视各单位具体情况而定，一般在银行结业时间前）以前存入公司账户，任何人不得截留，也不得从收入中预支任何费用。

3．明确借支规定与处罚原则

各部门员工借支总额在500元以内的，须经部门主管核准后由库存现金中先行借支，并限于每月发薪时一次扣回；超过500元的，应依权责划分逐笔专案报备核准后始得由财务部汇寄支付。

4．明确写出可控制费用与不可控制费用的计算和推算办法

一般来说，各单位的可控制费用统一于每月月底前由财务部根据下月份各单位的费用概算一次性汇入各单位的银行账户内备支。不可控制费用，则由各单位根据需要，提出申请报公司审核后划拨。

5．写明“现金收支报表”注意细则

现金收支报表注意细则是管理办法的写作重点。公司一般采用“现金收支旬报表”，在书写办法时要标明填报应一式两份，一份用于财务部汇总，一份由各单位留存备查。为避免相互混淆，重点要对“现金收支旬报表”科目栏所代表的意义进行详细阐述，作为填制依据。

6. 写明本管理办法的施行时间

结尾处一般都要注明类似“本办法自发布之日起施行”的时间规定。

（三）范例

范例一：

现金收支管理办法

1.“现金收支旬报表”上的收入金额，是指由企业财务部汇入各部门银行账户内的金额，支出金额则仅指各部门的费用。各部门应支付的一切费用，包括可控制费用与不可控制费用，均应自财务部汇入的金额中支付。

2. 各单位的可控制费用统一于每月月底前由财务部就下月份各单位的费用概算一次性（必要时得分次）汇入各部门的银行账户内备支。

3. 各部门的收入款项除财务部汇入的款项外，一律不得自行挪用企业内收回的应收账款（包括现金及支票），其收回的应收账款，应依账款管理办法的规定，悉数寄回企业财务部。

4. 现金收支旬报表的填写应一次复写两联，第一联于每旬第 1 日（即每月 1 日、11 日、21 日）中午以前就上旬收支逐项编制，连同费用科目的正式收据或凭单呈部门主管签核后以限时转送、寄送财务部；第二联由各单位自行汇订成册作为费用明细账，并凭以于月底当天填制“费用预算分析表”。

5. 现金收支旬报表上的编号系指费用的笔项而言，采用每月一次连续编号方式，月内的每月编号应相互衔接并连续编至当月月底止，次月 1 日再行重新编号。

6. 现金收支旬报表上科目栏中类别的填写，系指依所发生的各项费用其分属类别，分别以“营”或“服”或“管”等字表示，其性质的区分如下：（略）

7. 现金收支旬报表上科目栏中的“名称”系指各项费用的科目名称，其明细如下：（略）

8. 上述所列费用项目，会计员应按其性质区分（即营业费用、服务费用、管理费用等）分类报支，不得相互混淆。

9. 各部门全体员工的借支总额在 3 000 元以内者，须经企业主管核准后由首存现金中先行借支，并且限于每月 10 日发薪时一次扣回。其借支的总额超过 3 000 元者，应依权责划分逐笔专案报备核准后始得由企业财务部汇寄支付。

10. 每月月底当天，企业会计员应凭留存之当月份该单位“现全收支旬报表”依费用类别分别统计其当月份各项费用的总额，详填于“费用预算分析表”中呈单位主管，并详细分析可控制费用中的各项费用其实际与预算的差异。

11. 各单位应于每月3日前将“费用预算分析表”一式两联连同“直线单位经营绩效评核表”一并寄送企业业务部，由业务部据以查核与“直线单位经营绩效评核表”所填的费用数字正确后，即转送企业财务部复核并呈具所属副总经理填具总评后，第一联由财务部留存，据以分析全场费用差异，第二联寄回各单位存查。

12. “费用预算分析表”上的费用率系指当月份的费用与营业额的百分比，“本月费用预算”一栏的计算公式如下：

（1）本月“服务费用”预算=上月服务费用×(1±本月服务收入成长率)；

（2）本月“管理费用”预算=上月管理费用×(1±本月营业及服务总收入成长率×20%)；

（3）本月“营业费用”预算=上月营业费用×(1±本月营业收入成长率)。

13. 本办法由财务部呈总经理核准公布后实施，修订时亦同。

范例二：

尚成公司现金收支管理办法

年　　月　　日（　　）财字第　号

1. 管理范围

1.1　本办法所称收入金额是指由财务部汇入各单位银行账户内的金额，支出金额则是指各单位的费用。各单位应自行支付的一切费用，包括可控制费用和不可控制费用，均应自财务部汇入之金额中支付。

1.2　总公司财务部为现金收支归口管理部门，各单位的财务部门负责本部门的现金收支管理，并接受总公司财务部的领导。

2. 费用概算

各单位的可控制费用统一于每月月底前由财务部就下月份各单位的费用概算一次性汇入各单位的银行账户内备支。不可控制费用，则由单位根据需要，提出申请报公司审核后划拨。

3. 收入管理

各单位的收入（包括支票、现金），除留存必要的准备金外，均应于当日18时以前存入公司__________账户，任何人不得截留，也不得从收入中预支任何费用。

4. 收支统计

各单位应填报现金收支旬报表，一式两份。第一份于每旬第一日中午前报财务部汇兑，第二份由各单位留存备查。

5. 报表填制

现金收支旬报表（见附件一）上科目栏中类别的填写，系指依所发生的各项费用其分属类别，分别以“营”、“服”、“管”等字表示，其代表意义如下：

5.1　营业费用，属于营业人员所发生的费用，包括汽车费用、旅费、公共关系、薪金、坏账等。

5.2　服务费用，属于服务人员所发生的费用，包括汽车费用、旅费、公共关系、薪金、坏账等。

5.3　管理费用，凡营业费用和服务费用外所发生的一切费用，包括汽车费用、旅费、公共关系、薪金、运费、电话费、上网费、自来水费、汽车修理费、人事广告费、报纸杂志费、租金、邮寄费、物业管理费用、税捐等。

上述所列各项费用，会计员应按其性质区分，予以分类报支，不得相互混淆。

6. 联系

各单位与总公司或者其他分公司之间如有代收代支事项，一律用“内部联络函”（附件二）联系，其作业规定如下：

6.1　各单位代总公司或者其他分公司收款时应于收款当日以内部联系函述明代收何单位款项，代收现金应换成汇票，代收票据应注明票据内容，连同票据一起寄送总公司财务部，由财务部负责通知被代收单位入账的同时将入账情形回复代收单位。

6.2　总公司代分公司收款时，应于收款当日，由财务部“内部联系函”述明代收款项内容，若为票据应注明票据内容，通知被代收单位，款项则暂代留存。被代收单位于接获财务部的通知时，应即于当日的收款及成交资金明细表上加入该笔账款，增加其收款总额，并将入账情形回复财务部。

6.3　总公司代各单位支付费用款项时，应由财务部于每月25日前以联络函通知被代支单位依虚收虚付方式在其现金收支旬报表上的收入金额栏内径行加入该笔款项。

7. 员工借支

各单位员工借支总额在______元以内的，须经单位主管核准后由库存现金中先行借支，并限于每月______日发薪时一次扣回；超过______元的，应依权责划分逐笔专案报备核准后始得由财务部汇寄支付。

8. 附则

本办法自发布之日起施行。

附件一：

现金收支旬报表

填表单位：					填表日期：　　年　　月　　日			
项目 类别	营业费用		服务费用		管理费用		合　　计	
	收入	支出	收入	支出	收入	支出	收入	支出

附件二：

内部联络函

____________________：

总公司已于　年　月　日，代你单位支付　　　　　公司的项目款　　元。

特此通知。

经办人：

电话：

附：付款凭证　　张。

__________公司财务部

年　　月　　日

八、货币资金管理办法

（一）概述

企业的许多经济活动都是通过货币资金的收支来进行的，因此货币资金是企业流动资产的重要组成部分。

1. 货币资金的作用

货币资金在单位的生产经营或业务活动中，以及在企业的资金循环周转中都起着不可忽视的重要作用。为保证单位生产经营业务活动的正常进行，单位必须有足够的货币资金，同时还要保证生产经营活动又必须以最快的速度收回被耗费的货币资金。

2. 货币资金的特点

由于货币资金具有流动性强、占用量不稳定及可投资性等特点，故而货币资金的使用和管理，合理调度、控制货币资金，既关系到企业正常生产经营的顺利进行，也影响到企业财务的全局。因此，为了使企业资金流动有序、正常化，必须实行一定的管理。

（二）写作格式

货币资金管理制度包括标题、正文、结尾三部分：

1. 标题

标明单位名称和文种，例如“尚成公司资金管理制度”。

2. 正文

正文的撰写应涵盖以下内容：资金管理的目的、管理的机构、存款管理、借贷管理、账款管理、资金使用审批程序、资金管理和检查的办法，以及制度的实施和修改等条款。

3. **结尾**

写明成交时间，若已在标题标出，此处可省略。

（三）范例

范例一：

货币资金管理规定

第一章　总则（略）
第二章　总公司资金计划控制（略）
第三章　现金管理（略）
第四章　银行收支结算管理（略）
第五章　报账销账（略）
第六章　附则（略）

范例二：

中国矿业大学货币资金管理办法

第一章　总则

第一条　为了加强学校货币资金的内部控制和管理，保证货币资金的安全与完整，根据《中华人民共和国会计法》、《内部会计控制规范——货币资金（试行)》，结合我校的实际情况，制定本办法。

第二条　货币资金是指学校拥有的以货币资金形态存在的资产，主要包括现金、银行存款和其他货币资金。

第三条　单位财务负责人对本单位货币资金内部控制制度的建立、健全、有效实施以及货币资金的安全负责。

第二章　岗位分工及授权批准

第四条　货币资金核算岗位设置按不相容职务相分离的原则，设置现金出纳、银行出纳、出纳复核岗位。

出纳岗位负责保管库存现金、银行支票等有编号的银行结算凭证、内部收款收据及本人名章，办理货币资金结算和收付业务；复核岗位负责审核货币资金收支原始凭证，对货币资金的账簿记录和实际金额进行核对，检查出纳员开出的银行结算票据金额、日期、抬头等是否正确。

第五条　出纳人员不得兼任制票、稽核、会计档案保管和收入、支出、费用、债权债务账目的登记工作。

第六条　各岗位应按照各自的职责、分工和权限负责管理货币资金，确保相互制约和监督，不得由一人办理货币资金业务的全过程。

第七条　配备合格的人员办理货币资金业务，并根据单位具体情况进行岗位轮换。办理货币资金业务的人员应当具备良好的职业道德，忠于职守，廉洁奉公，遵纪守法，客观公正，不断提高会计业务素质和职业道德水平。

第八条　学校各单位应按照以下程序办理货币资金支付业务（略）

第九条　（略）

第十条　（略）

第三章　现金的管理

第十一条　根据《现金管理暂行条例》的规定，结合我校实际情况，现金的开支范围如下：（略）

第十二条　学校及各单位取得的货币资金必须及时入账，不得私设“小金库”。

第十三条　出纳人员必须以会计人员审核签章的记账凭证为依据，严格按照程序办理现金收付款业务，当面点清数额并注意防伪。现金业务办理完毕，应在记账凭证上加盖“现金收讫”、“现金付讫”章，并登记现金日记账。

第十四条　备用金应做到计划提款，校内各单位、各部门超过 3 万元的现金借款、报账支付，需提前一天预约。加强现金库存限额的管理，超过库存限额的现金应及时存入银行。不得白条抵库存，不得擅自挪用，不准浮存账外现金。

第十五条　每日终了，出纳人员要盘点库存现金，及时结出现金余额，做到日清月结，确保账款相符。账款不符的，应及时查找原因并向领导汇报，由单位领导依法处理。任何个人不得擅自处理，更不得以长款补短款。

第十六条　现金出纳人员工作交接时，须填制“中国矿业大学会计移交清册”，写明库存现金数额及现金日记账账面余额，交接双方在监交人的监督下清点现金并与现金日记账核对，并在现金日记账最后一笔余额后加盖移交人印章。交接完毕，应由移交人、接收人、监交人三方共同在移交清册上签字后存档一份，移交人、接收人各执一份。

第四章　银行存款的管理

第十七条　学校的银行账户由财务处按照国家规定统一集中管理，任何单位和个人不得以学校的名义开立银行账户，不得出租出借账户。学校二级单位需开户的，应统一在财务处资金管理中心开户。

第十八条　学校各部门应当严格遵守银行结算纪律，不准签发没有资金保证的票据或透明支票，套取银行信用；不准签发、取得和转让没有真实交易和债权债务的票据，套取银行和他人资金；不准无理拒绝付款，任意占用他人资金。

第十九条　出纳人员办理银行业务时，必须以记账凭证为依据开具票据，支付票据的收款人名称应与发票名称一致，不得无故变更。业务办理完毕，应在记账凭证上加盖“转账收讫”、“转账付讫”章，并登记银行存款日记账。

第二十条　限制限额支票的签发业务。确需办理限额支票的，申请人应填写借款单，注明资金来源。签发时必须在支票上注明限额标准及出票日期。申请人应在二十日之内将支票存根交回并进行账务处理，同时到银行出纳处注销。逾期不办理的将按借款逾期的规定处理。

第二十一条　对账人员要按月及时核对银行账，编制“银行存款余额调节表”，并及时清理未达账项；如为本单位错误，应予以更正；如为银行错误，应通知银行更正。超过两个月的未达账项要督促有关单位和人员尽快处理并入账。

第二十二条　对账单及“银行存款余额调节表”实行双签制度。“银行存款余额调节表”由财务处处长审核签字后，交审计处负责人复核签字，并报经主管校长审签后归档。

第二十三条　因经办人员工作疏忽造成学校货币资金损失的，应由经办人员负责追回、赔偿。

第二十四条　银行出纳人员进行工作交接，应在交接清册上注明交接空白票据种类、编号，印鉴的名称，承兑汇票的份数及明细，由移交人、接收人、监交人三方签字后分别保管。

第五章　银行票据及有关印章的管理

第二十五条　银行票据包括转账支票、银行汇票、电汇凭证、现金支票、现金缴款单等，也包括资金管理中心印制的内部票据。

第二十六条　银行票据由专人负责购买，并认真登记保管。在校财务处资金管理中心开户的二级核算单位所需票据由专人从资金管理中心购买并登记。

第二十七条　购买票据时要逐一清点检查，查看票据是否完整无损，编号是否连续，如有问题当场更换。领用票据应设登记簿进行记录，防止空白票据的遗失和被盗用。

第二十八条　银行印章实行专人分别管理，严禁一人保管支付款项所需的全部印章，不得随意使用印章，按规定使用印鉴章的应做好登记。

第六章　监督检查

第二十九条　学校建立对货币资金业务的监督检查制度，由财务处处长、副处长及各科长定期、不定期地对货币资金业务进行检查，并记录检查情况。

第三十条　货币资金监督检查的内容主要包括：

1. 库存现金与账面余额是否一致，有无白条抵库存、私自挪用现金等情况。

2. 支付款项印章是否由专人分别保管，是否存在办理付款业务所需的全部印章交由一人保管的现象。

3. 票据的购买、领用、保管手续是否健全，票据保管是否存在漏洞。

4. 其他涉及货币资金安全的事项。

第三十一条　对监督检查过程中发现的货币资金内部控制中的薄弱环节，应当及时采取措施，加以纠正和完善。

第七章　附　　则

第三十二条　本办法由财务处负责解释。

第三十三条　本办法自发布之日起施行。

九、财产清查管理制度

（一）概述

财产清查是会计核算方法体系的一个有机组成部分，是会计核算的专门方法之一。财产清查主要通过核对实物、现金的实地盘点以及对银行存款、往来账款，确定各项财产物资和往来账款的实有数是否相等，以此保证企业财产不流失，保证结算制度的执行，同时挖掘财产物资潜力，提高资金周转的效率，提高经济效益。

（二）写作格式与内容

1. 写作格式

财产清查管理制度遵循的一般写作格式，包括标题、正文、结尾三部分。

（1）标题。

标题应写明制定单位、工作内容、文种。在末尾中标明制定单位，标题中可省略。

（2）正文。

正文是制度的主体，一般以条款的形式撰写。写条文前可加一小段引言，简要、概括地说明制定这项制度的原因、根据、目的等情况。逐条写各项内容时，一个单位内部的制度也可以不写引文，直接写条款，条文写完后还要写明此项制度从什么时候起执行。

（3）结尾。

正文撰写完毕后，应标明制定单位、公布日期。单位内部的制度行文不必盖章，若是需广泛下发执行的一级政府或一个系统的制度，必须在落款处加盖公章，保证其执行的严肃性。

2. 写作内容

撰写财产清查管理制度时，应注意覆盖下述内容：

（1）财产清查的组织机构。

财产清查机构可以是专业机构也可以是短期的清查小组。企业可根据实际情况，设立不同性质的清查组织机构。一旦确立，就要对其不同分工及任务配置作出明确规定。

（2）财产清查的内容。

财产清查一般分为全面清查和局部清查两部分：

①全面清查，即对企业所有财产进行全面清查、盘点和核对。

②局部清查，即根据需要对特定有问题的财产、物资所进行的清查。

（3）财产清查的方法。

①清查物资。清查物资就是逐个点数、过磅和量尺，以确定实际数量，也称为实地盘点法，对于包装完整、规格统一的大宗材料、产成品等物资，采用抽查盘点法。

②清查现金。清查现金也是通知实地盘点法确定库存现金的实有数，再与现金日记账和账面余额核对，查明账款是否相符。盘点时出纳员必须在场，不允许以借条、收据等抵充现金。

（4）财产清查结果的处理。

财产清查后，对于有关清查报告单中所发现的差异（财产物资的盘盈、盘亏等），应彻底查明发生差异的原因，明确差异出现的责任归属，并提出处理意见，按规定程序报请主要领导和上级主管部门审批处理。

（三）范例

晨光百货公司财务大检查的自查报告

沭阳县商业局：

按县局的部署，我们于12月末组成专门班子，依照检查提纲列出的重点，对我公司6~12月份的财务收支进行了认真的自查，到年底全部结束。现将自查阶段检查出来的违纪问题，报告如下：

一、误将公司所属卫生所及食堂的8名工作人员的工资、奖金开支，全部列入管理费用。6~11月份共支付20 000元。

二、今年春节时，公司为职工购买过节用的白条鸡、鲤鱼、牛肉、猪蹄、海鲜、豆油等副食品，只收一部分钱，将12 000元差额全部列入经营费用核销。

三、年初在发放劳动保护用品时，违纪为每名职工发衣料一块（折合230元），在劳保费用中共核销1 800元。

四、今年雨季，公司为职工修缮宿舍支出50 000元，没有在职工福利费项下列支，也挤入经营费用中核销。

对以上违纪问题，公司已要求检查小组提出处理意见，向经理办公会汇报，并按县税收、财务、物价大检查界定的要求，于明年2月末提出纠正违纪问题的报告。

以上报告，请予审查。

沭阳县晨光百货公司

2008年12月31日

十、企业财务收支审计办法

（一）概述

财务收支审计是企业内部审计的工作重点。财务收支审计办法是关于财务收支审计方面的内部管理程序和规则。它是企业为客观反映和监督本企业以及所属经济实体的财务收支状况以及与财务收支有关的经济活动、提高企业经济效益、维护企业合法利益而制定的。

（二）写作格式与内容

1. 写作格式

企业财务收支审计办法与一般办法的常见写作格式类似，分为两部分：

（1）首部。

一般由标题、制发时间和依据等项目构成。

标题包括发文机关、事由、文种三部分内容。制发时间、依据一般在标题之下用括号注明，有的办法这一项目内容可不写。

（2）正文。

办法的正文应包括依据、规定、说明这3项内容。

办法中的各条规定，是办法的主体部分，要将具体内容和措施依次逐条写清楚。

办法的结尾要注明实施的日期和对实施的说明。

2. 写作内容

企业财务收支审计办法一般包括总则、细则和附则三大部分。

（1）总则。

写明本办法制定的目的和依据、适用范围，内部审计制度的建立。

（2）细则。

对于内部审计人员的条件、内部审计人员和机构的职权、财务收入审计的主要内容、法律责任的具体规定。

（3）附则。

标明本办法的解释部门、生效时间。

实际写作中财务收支审计办法不一定要标明总则、细则、附则的字样，但必须涵盖这三项的内容。

（三）范例

教育系统企业财务收支审计实施办法

（1997年12月31日教审［1997］2号）

第一条　为了规范教育系统企业财务收支审计工作，保证审计工作质量，根据国家教委第24号令《教育系统内部审计工作规定》，制定本办法。

第二条　本办法适用于各级教育部门、各级各类学校和其他教育事业单位及其下属单位的所属、所办或占控股地位的企业、公司和各种经济实体（以下简称企业）。教育系统实施实行企业管理的单位可依照执行。

第三条　本办法所称企业财务收支审计，是指教育系统审计机构按照规定的职责范围或授权对企业的资产、负债、损益的真实、合法和效益进行的审计监督。

第四条　企业财务收支审计的目的，是为了促进企业严格执行财经法规和财务制度，强化内部管理，提高经济效益，持续健康地发展。

第五条　企业财务收支审计，由企业内部审计机构或由各部门、各单位内部审计机构或其上级审计机构负责实施。也可委托社会审计机构进行。

第六条　审计机构应当对企业的会计资料，包括会计报表、会计帐簿和会计凭证的真实性、合法性进行审计监督。

第七条　审计机构对企业会计报表审计的主要内容是（略）

第八条　审计机构对企业会计账簿审计的主要内容是（略）

第九条　审计机构对企业会计凭证审计的主要内容是（略）

第十条　审计机构应当对企业资产，包括流动资产、长期投资、固定资产及其累计折旧、在建工程、无形资产、递延资产和其他资产的安全完整、保值增值进行审计监督。

第十一条　审计机构对企业流动资产审计的主要内容是（略）

第十二条　审计机构对企业长期投资审计的主要内容是（略）

第十三条　审计机构对企业固定资产及其累计折旧审计的主要内容是（略）

第十四条　审计机构对企业在建工程审计的主要内容是（略）

第十五条　审计机构对企业无形资产、递延资产和其他资产审计的主要内容是（略）

第十六条　审计机构应当对企业负债，包括流动负债和长期负债的情况进行审计监督。

第十七条　审计机构对企业流动负债审计的主要内容是（略）

第十八条　审计机构对企业长期负债审计的主要内容是（略）

第十九条　审计机构对企业实收资本审计的主要内容是（略）

第二十条　审计机构对企业资本公积金审计的主要内容是（略）

第二十一条　审计机构对企业盈余公积金审计的主要内容是（略）

第二十二条　审计机构对企业未分配利润审计的主要内容是（略）

第二十三条　审计机构应当对企业损益，包括收入、成本费用和利润的情况进行审计监督。

第二十四条　审计机构对企业收入审计的主要内容是（略）

第二十五条　审计机构对企业成本、费用审计的主要内容是（略）

第二十六条　审计机构对企业利润审计的主要内容是（略）

第二十七条　审计机构应当依照有关法律、法规和政策，对企业人员工资内外收入和各项消费基金的情况进行审计监督。

第二十八条　审计机构应当对企业内部控制制度是否健全、合规、有效，进行符合性和实质性测试。

第二十九条　审计机构实施审计后，应当分析企业的盈利能力、偿债能力、营运能力和资本结构，评价企业的财务状况和经营管理业绩。

第三十条　审计机构可以根据国家的经济政策和本部门、本单位的工作需要，有重点地对企业进行专项审计。

第三十一条　审计机构有权要求被审计单位按照规定的期限，如实提供下列资料（略）

第三十二条　审计机构有权要求企业按照规定报送社会审计机构、注册会计师出具的年度会计报表审计报告（略）

第三十三条　审计机构在对企业财务进行审计时，应当按照《教育系统内部审计准则》组织实施。

第三十四条 审计机构对已经审计过的企业实施审计时，要对前次审计结果执行情况进行检查。

审计机构可以根据需要，对被审计单位安排后续审计。

第三十五条 审计机构对与本部门、本单位经济状况有较大关系、接受投资较多或亏损数额较大的企业，以及领导指定的其他企业，应当进行定期审计。

第三十六条 本办法自发布之日起施行。

发布部门：国家教育委员会（已更名） 发布时间：1997 年 12 月 31 日 实施日期：1997 年 12 月 31 日（中央法规）。

十一、固定资产管理制度

（一）概述

固定资产管理是指对使用期限超过一年的房屋、建筑物、机器、机械、运输工具以及其他与生产经营有关的设备、器具、工具等进行管理。不属于生产经营主要设备的物品，单位价值在 2 000 元以上，并且使用期限超过 2 年的，也应划入固定资产管理的范围。

（二）写作格式与要点

1. 写作格式

固定资产管理制度与一般制度的写作格式大体相同，包括以下三部分：

（1）标题，由制定单位、工作内容、文种三部分组成。末尾标明制定单位的此处可不写。

（2）正文，是制度的主体部分，以条文形式撰写。写条文前可加一小段引言，简要、概括地说明制定这项制度的原因、根据、目的等情况。单位内部的制度也可以不写引文，直接写条款。条文写完后还要写明此项制度从什么时候起执行。

(3) 结尾。结尾要标明制定单位、公布日期并盖章。单位内部的制度行文公布不必盖章。

2. 写作要点

固定资产管理制度要包括以下几点内容：

(1) 固定资产的分类。

(2) 固定资产的管理部门。

(3) 固定资产管理部门的职责。

(4) 固定资产的购置、验收和领用。

(5) 固定资产的出售。

(6) 固定资产的报废。

(7) 固定资产的清查。

（三） 范例

范例一：

尚成公司固定资产管理制度

（2008 年 8 月 20 日董事会通过）

1. 为加强对本公司所属固定资产的管理，使固定资产管理工作规范化，特制定本制度。

2. 本制度中的固定资产，是指土地、建筑物、构筑物、机械装置、船舶、车辆、工具、器具、山林和树木。但不满规定使用年限，或价值不足×××元的，不在此例。

3. 固定资产的取得、移交、让渡、报废、借贷及担保，必须向总经理请示，并经其裁决后方可进行。

4. 固定资产的新建、改建和属资本支出的维修工程，必须经总经理裁决后方可进行。裁决后的工程，如工程费用明显超过预算额，必须经过追加申请。如有难以预测的偶发事件，须及时向总经理报告。工程完工后，应及时提出预决算报告。

5. 固定资产类物品的购入及工程发包，必须经过总经理裁决。

6. 发包工程原则采取竞标方式，竞标公司应至少有两家以上，并依据其信用状况和投标书确定承包者。但特殊工程可例外。

7. 在发包合同上，必须明确写明与工程有关的材料支付等内容。

8. 与固定资产取得相关的支出，均通过临时会计科目处理，待工程完工，经总经理裁决后，编入正式的固定资产科目。

9. 固定资产的取得价格，按以下基准确定：

（1）工程类。

按材料费、劳务费、工程发包费合计额确定。

（2）购入类。

按购入价格和购入直接费合计额确定。

（3）交换类。

按不低于交换时的账页价格确定。

（4）赠与类。

参考收到时的市场价格确定。

10. 固定资产的管理责任者在有关规定中另行确定。

11. 管理责任者应设立固定资产管理台账，以准确记录固定资产的现状及增减情况。

12. 管理责任者应时常注意固定资产的状况，当需要改造或修理时，应迅速向主管上级报告。

13. 在固定资产的改造与修理费用中，能够增加其能力，或延长其使用年限的部分，应计入该固定资产的价格中。但仅维持固定资产使用效果的费用应视作维护费。

14. 管理责任者应在每一财政年度末，与财会人员共同进行固定资产的核资查账。

15. 固定资产的让渡处理必须履行请示裁决程序。原则上应通过竞价方式处理固定资产，但低值或废弃的固定资产例外。

16. 固定资产在工厂内部移交，必须得到总经理的裁决。移交价格为原值扣除累计折旧额。

17. 固定资产在取得和移交时，必须办理不动产登记手续。

18. 财会人员依据固定资产台账，进行会计处理。

在每一财政年度，至少要进行一次固定资产台账与管理台账的对账，但账外资产不在此例。

19. 经总经理裁定价格后，方可进行与固定资产增加、移交、临时折旧、报废、处理、让渡相关的固定资产台账的修订。

20. 固定资产自启用日起进行折旧。折旧基金依有关规定间接提取。但对预计可能的中间报废和临时折旧的固定资产，不提取折旧。

21. 在固定资产发生重大损失且其价格明显减少的情况下，经总经理裁决，必须进行临时折旧处理。

22. 固定资产的残值，原则上定为其原值的1%。

23. 固定资产的使用年限和折旧率依据法人税法确定。

24. 固定资产应投保火灾保险，保险金额由总务部部长确定，并经总经理批准。

范例二：

固定资产管理制度

□总则

第一条　目的

为加强固定资产的保管及使用管理，特制定本规定。

第二条　范围

本规则所称固定资产包括土地、房屋及建筑物、机械设备、运输设备、马达、仪表、工具、什项设备（各公司自分事务性什项设备及机电性什项设备）等。

第三条　会计科目列账原则

前项固定资产，耐用年数在二年以下，不具生产性，未超过一定金额者（各公司自订）应以费用科目列账，而不得以固定资产科目列账。

第四条　管理部门

固定资产按下列类别，由各公司指定部门负责管理，其管理及保养细则由各公司管理部门会同使用部门自行制定之。

（一）土地、房屋及建筑物、运输设备、事务性什项设备由总部门负责管理。

（二）机械设备、马达、仪表、机电性什项设备由工务部门负责管理，但得视实际需要归由性质相关部门管理。

（三）工具由资材仓库负责管理。

第五条　编号

固定资产取得后，即归管理部门管理，并会同会计部门依其类别及会计科目统驭关系，予以分类编号并贴粘样签。

第六条　移交

人员移交时，对于固定资产应依人事管理规则第十一条的规定详列清册办理移交。

第七条　增减报告

会计部门应于次月15日前就土地、房屋及建筑物、运输设备、机械设备、机电性什项设备等项目编制“固定资产增置表”一式三联送管理部门核对，并填列异常或更正内容后，第一联管理部门留存，第二联送返会计部门自存，第三联送使用部门留存，采用电脑处理报表代替之。

第八条　盘点

固定资产管理部门应会同会计部门每年盘点一次（不含工具、马达、仪表、事务性什项设备）。另应于每季就固定资产的项目中根据登记卡册，每一类别至少抽点十项，盘点后应填造“盘存单”一式三份注明盈亏原因，一份自存，二份呈报（总）经理核决后一份送会计部门，一份送总管理处总经理室备查。管理部门对于盘盈或盘专职除应专案叙明原因呈核外，并应依增置或减损的规定办理手续。

第九条　增置、营造、修缮处理

固定资产的增置、营造、修缮应分别依照“材料管理办法”、“工程修造发包事务处理规则”及“营建工程管理办法”等有关规定办理。

□增置及登记（略）

□移转、闲置及减损的处理（略）

□工具、附属设备、事务性事项设备处理（略）

附则

……

第二十三条 本规则经呈决策通过颁布实施，修改时亦同。

十二、无形资产管理制度

（一）概述

无形资产是指在企业的生产经营中长期发挥作用但不具备实物形态的权利、技术等特殊性资产。专利权、非专利技术、商标权、著作权、土地使用权、商誉等都属于无形资产。

一般来说，无形资产管理方面的文字材料大部分属于企业内部文件，只有少量公文属于上行文。

（二）写作格式

无形资产管理制度包括标题、正文、结尾三部分。

1. 标题

“制文单位＋事项＋文种”的形式撰写，如：“××公司固定资产检验报告”；制度、方案类文书写明单位名称和文种即可，例如“××公司固定资产管理方案”。

2. 正文

按各文种的不同特点写作。下文“范例”中有详细表述，这里不再详述。

3. 结尾

无形资产管理报告、申请类文书等结尾需要标明制文单位和时间；无形资产管理制度、方案等文书，此项可省略。

（三）范例

范例一：

××企业无形资产管理办法

第一章　总则（略）

第二章　管理机构及职责（略）

第三章　无形资产的使用和处置（略）

第四章　无形资产的账务处理（略）

第五章　无形资产的清查和报告制度（略）

第六章　附则（略）

财务部

2008 年 12 月 31 日

范例二：

燕山大学无形资产管理办法（试行）

第一章　总则

第一条　无形资产是学校国有资产的重要组成部分，为保护学校无形资产不受侵害，充分发挥其重要作用，促进学校事业健康快速地发展，根据中华人民共和国教育部［1999］3 号令《高等学校知识产权保护管理规定》和冀财行［2001］7 号《河北省行政事业单位国有资产管理实施办法（修订）》，特制定本办法。

第二条　学校无形资产是指学校所拥有的、不具有实物形态而能为使用者提供某种权利的资产。包括：

1. 专利——界定学校为专利权人的，在法定期限为学校所独占和专有的各种发明创造（职务发明）。

2. 商标——以学校名义申请注册的，一定期限内在指定的商品上使用特定的名称、图案、标记的权利；包括学校的校名（简称、字样）和图形、校标和图形，学校及所属单位拥有的注册商标。

3. 著作（权）——依法界定学校为著作权人的，学校享有出版、发行等方面的专有权利的文学艺术创作，科学著作、音像制品、图纸、模型、电脑软件等。

4. 专有技术——专利技术以外的，学校作为发明人，由学校垄断的，不公开的，具有实用价值的先进技术、科研成果、资料、技能、知识等。

5. 土地使用权——学校依法、有偿取得的土地使用权，视为学校的无形资产；国家土地管理部门无偿划拨的，专门用于与教育事业有关活动的土地，一般不作为无形资产。

6. 特许经营权——是指学校在某一地区经营或销售某种特定商品的权利，或是接受另一单位有偿使用其商标、专利技术的权利。

7. 商（校）誉——是指学校由于具有较高的社会信誉，或在某些方面有一定的优势，便利学校冠名权具有为使用者带来较多经济利益的能力。如：学校内相关的主要标志物的名称和图形，学校有声望的重点单位、人物的名称及代表物，学校直接或间接拥有的各种服务标记。

8. 设备使用权——指学校依法取得的非我校占有的仪器、设备的使用管辖权。

第二章 管理机构及其职责

第三条 学校无形资产实行三级管理，即校长办公会——归口部门——使用单位。归口部门包括实验设备及国有资产管理处（下简称国资处）、计划财务处（下简称计财处）、科技处、校长办公室等；全校各直属单位均作为使用单位履行管理职责。

第四条 国资处和计财处同时作为学校无形资产宏观管理部门，其职责是：

1. 制定、完善无形资产的管理制度。

2. 无形资产的范围界定和分类。

3. 无形资产的汇总。

4. 确认和计量记账价值。

5. 清查、使用、处置管理。

6. 无形资产产权收益管理等。

第五条 （略）

第六条 （略）

第七条 （略）

第三章 无形资产的使用和处置

第八条 对自行开发或研制的项目，应及时申请办理注册登记手续，依法确定学校的所有者地位。

第九条 对于外购无形资产，要符合学校事业发展规划并进行充分论证，严格审批程序和权限，避免重复、盲目引进。

第十条 校长办公室对使用学校名称（简称、字样）的社会组织、社会团体和个人的资格、资信严格审查、逐一登记，报国有资产管理处备案；会同计财处确定收费金额，费用由计财处收取；并定期检查清理，对损害学校权益的应依法收回使用权。

第十一条 学校无形资产的后续支出，不增加无形资产的账面价值。

第十二条 （略）

……

第十八条 （略）

第四章 无形资产的账务处理

第十九条 按照会计核算要求设置账簿体系，在不同的管理部门分设总账、明细账、台账和备查账的要求，计财处和国有资产管理处设立总账和明细账；各归口管理部门设立台账，各使用单位设立备查账。

第二十条 无形资产的各级账务管理人员应定期对账，确保账账、账实相符。

第二十一条 无形资产在未产生经济价值时，只进行统计和登记；当无形资产产生其价值或因投入资金产生成本和费用时，应进行会计核算。

第二十二条 无形资产有关业务的账务处理按照《高等学校会计制度》规定办理。

第五章 无形资产的清查和报告制度

第二十三条 实行逐级、定期报告制度，及时掌握无形资产的使用和运营情况。严格按照规定的格式和期限对其占有使用的无形资产的存量、状态等做出报告。对造成无形资产损失的重大事件应及时上报上级主管部门。

第二十四条 归口管理部门每年年终进行一次全面清查，并根据需要不定期地进行全面或局部清查。对盘亏的无形资产应及时查明原因，分清责任，并按规定作出处理。

第二十五条 学校应定期对无形资产的账面价值进行检查，认为无形资产预期不能为学校带来利益时，学校应按规定的程序将无形资产的账面价值予以转销。

第六章　附　　则

第二十六条　无形资产管理工作的奖惩按《燕山大学国有资产管理办法（试行)》的规定执行。

第二十七条　本办法由实验设备及国有资产管理处负责解释。

第二十八条　本办法自发布之日起试行。

十三、企业成本控制制度

（一）概述

1．企业成本控制制度的概念

成本控制管理即根据预定的成本目标，对生产经营活动中发生的全部耗费进行指导限制和监督，及时发现偏差并纠正，以确保成本目标的实现。

2．企业成本控制分类

成本控制范围分为绝对成本控制和相对成本控制两类。

绝对成本控制是指根据成本控制目标，控制成本支出的绝对金额；相对成本控制是指在分析产销量、成本、销售收入三者因果关系的基础上，控制对成本的相对额。

3．企业成本控制的基本程序

成本控制包括以下四个基本程序：

（1）确定控制标准。

制定成本控制的目标，即在一定的生产条件下，必要劳动和物化劳动耗费应遵守的数量界限。成本控制标准包括定额成本、标准成本和目标成本等。

（2）监督成本的形成过程。

通过严格执行企业内部控制制度，对实际费用的发生进行监督和限制，使其在预期的范围内，一旦发生偏差，立即采取措施予以纠正。

（3）核算、分析并考核成本差异。

比较实际成本和标准成本，确定成本的有利差异和不利差异，并按差异发生的场所、原因和责任进行分析，弄清成本超支或节约的原因，确定责任的归属，并因此对成本责任部门进行相应的考核和奖惩。

（4）采取纠正措施，修正成本控制标准。

针对成本差异问题，进一步采取纠正措施，使同类型的不利差异不再发生。对于由于标准陈旧或不合理引起的差异，修改成本控制标准，以便成本控制能更有效地进行。

（二） 写作格式

成本管理类文书包括成本控制制度、成本核算办法的实施、成本控制的请示（报告）等文种，一般都采用条文式结构。这里以成本控制制度为例，简要介绍其结构内容。

1. 标题

包括单位名称和文种，如“××公司成本控制制度”。

2. 正文

正文的内容应包括：制定制度的目的和依据，成本控制的基础，各项成本的控制办法，各项成本的核算，成本管理的责任说明，制度的批准、实施和修改等条款。

（三） 范例

红星皮鞋厂企业成本控制制度

一、总则

1. 为了加强成本管理，降低成本耗费，提高经济效益，根据国家有关成本费用的管理规定，结合本厂实际制定成本控制制度。

2. 在成本预测、决策、计划、核算、控制、分析和考核等成本管理各环节中，要抓住成本控制这个中心环节并贯穿到成本管理的全过程，以实现目标成本，提高经济效益的目的。

3. 在厂长领导下，由总会计师负责组织，以财务部门为主，有关部门密切配合，在全厂范围内按分级归口管理原则实行成本管理责任制，做到人人关心成本，事事讲究成本。

4. 为了实现企业的生产经营目标，实行目标成本管理，将目标成本进行层层分解，建立成本中心。把责任成本与厂总部、分厂、部门、车间、班组、各岗位或职工个人的责任挂钩，使每个职工都承担一定的成本责任。

5. 在生产、技术、经营的全过程开展有效的成本控制。

（1）从市场预测、设计、科研、工艺、试制等过程，进行成本预测、决策，确定目标成本，制定费用预算和成本计划，进行成本的事前控制。

（2）从生产、制造等过程，实行定额成本或标准成本核算，分析和控制成本差异，将成本指标分解落实，进行成本的事中控制。

（3）从销售、技术服务等过程，编制经营成果、成本指标完成情况及成本报表，对目标责任成本及降低成本的任务进行考核分析，进行成本的事后控制。

6. 严格遵守国家规定的成本开支范围和费用开支标准，不得扩大和超过。对于乱挤成本、擅自提高开支标准、扩大开支范围的，财会人员有权监督、劝阻，有权拒绝支付；并有权向厂长直至上级财务主管部门报告。

7. 企业的下列支出，不得列入成本、费用：为购置和建造固定资产、购入无形资产和其他资产的支出；对外投资的支出，被没收的财物；各项罚款、赞助、捐赠支出；国家规定不得列入成本、费用的其他支出。

二、成本控制基础

1. 做好各种定额工作，要求完整、齐全，达到平均先进水平。

（1）产品的材料技术消耗定额由技术部门负责归口制定、管理。

（2）产品的外购配套件消耗定额由设计部门负责归口制定、管理。

（3）设备的产品配件消耗定额由设备动力部门负责归口制定、管理。

（4）工具的消耗定额由工具部门负责归口制定、管理。

（5）劳动工时定额由劳资部门负责归口制定、管理。

（6）费用、资金定额由财务部门负责归口制定、管理。

2. 制定厂内计划价格，力求合理、稳定。一般在一年内不变，但每年要结合实际情况调价一次，减少价差。

（1）材料物资计划价格由供应部门归口制定，财务部门统一管理。

（2）工具计划价格由工具部门归口制定，财务部门统一管理。

（3）备品配件计划价格由设备动力部门归口制定，财务部门统一管理。

（4）工艺协作计划价格由生产计划部门归口制定，财务部门统一管理。

（5）产品劳务计划价格由财务部门归口制定、管理。

3. 整顿原始记录，做好统计工作，要求凭证完整、数据准确、报表及时。

（1）生产原始记录格式由生产计划部门归口制定、管理。

（2）技术原始记录格式由技术部门归口制定、管理。

（3）材料物资原始记录格式由各材料物资部门归口制定、管理。

（4）设备动力物资原始记录格式由设备动力部门归口制定、管理。

（5）财务成本原始记录格式由财务部门归口制定、管理。

以上所有表单格式，由归口部门制定，印刷时由财务部门统一审核，总务部门统一印制，交归口部门管理使用。

4. 配备好计量装置和流量仪表，要求计量科学、数字准确、计费合理。

（1）材料物资的计量装置，由材料供应部门归口购置管理。

（2）三气、水、电的流量仪表，由设备动力部门归口购置管理。

（3）所有计量装置和流量仪表，由计量部门统一校正、维修管理。

5. 建立财产物资管理制度，要求收发有凭证、仓库有记录、出厂有控制、盘存有制度，保证账实相符。

（1）材料物资的管理由供应部门制定、管理。

（2）设备及备件的管理由设备动力部门制定、管理。

（3）工具的管理由工具部门制定、管理。

（4）在产品、半成品的管理由生产计划部门制定、管理。

（5）产成品的管理由销售部门制定、管理。

（6）家具用具的管理由总务部门制定、管理。所有财产物资统一核算管理，由财务部门归口负责。

三、目标成本

（一）目标成本，是为某一产品在一定时期要求实现的成本水平。发展新产品和改造老产品，都应实行目标成本管理。要从产品设计入手，事前控制产品成本水平，使产品既保持应有的功能，又能体现最低的成本。

（二）目标成本管理的程序，依据市场调查和经济预测及企业的目标利润，提出单位产品目标成本，作为设计产品耗用材料与工费的限额；开展价值工程，力求功能好、成本低，据以评价产品的设计方案，进行经营决策，指导产品投入生产过程以后，有目标地进行成本控制，不断地降低产品成本，提高经济效益。

（三）目标成本的制度

目标成本的制度，一般可采用下列公式：

单位产品目标成本=预测销售价格-应纳税金-目标利润

（四）在产品投产前，应通过对成本与功能关系的分析研究选择最佳方案，制定目标成本。其基本公式：

$$价值=\frac{功能（或效用）}{成本（或生产费）}$$

公式说明价值与功能成正比，与成本成反比。要使产品保持应有的功能，体现最低的成本，必须从改善功能和降低成本两个方面想办法，其途径是：

1. 功能不变，成本降低。

2. 成本不变，功能提高。

3. 功能提高，同时成本降低。

4. 功能略有下降，同时成本大幅度下降。

（五）目标成本制定后，要以财务部门为主，会同生产、技术、劳资等部门进行分解和分配，作为设计、工艺、试制、投产等过程的主要经济数据加以控制，依靠职工群众努力实现目标。

四、成本计划

（一）成本计划的编制。

（二）成本计划体系。

（三）成本计划的程序。

（四）成本计划的内容。

五、定额标准成本

（一）（二）（三）（四）（五）……

六、成本差异分析

（一）直接材料成本差异=直接材料用量差异+直接材料价格差异

1. 直接材料用量差异=计划价格×（实际用量-定额用量）

2. 直接材料价格差异=实际用量×（实际价格-计划价格）

（二）直接人工成本差异=直接人工效率差异+直接人工工资率差异

1. 直接人工效率差异=计划工资率×（实际工时-定额工时）

2. 直接人工工资率差异=实际工时×（实际工资率-计划工资率）

（三）变动制造费用差异 = 变动制造费用效率差异 + 变动制造费用分配率差异

1. 变动制造费用效率差异 = 计划变动费用分配率 ×（实际工时 - 定额工时）

2. 变动制造费用分配率差异 = 实际工时 ×（实际分配率 - 计划分配率）

（四）固定制造费用差异 = 固定制造费用效率差异 + 固定制造费用预算差异

1. 固定制造费用效率差异 = 计划固定费用分配率 ×（实际工时 - 定额工时）

2. 固定制造费用预算差异 = 固定制造费用实际开支数 - 实际工时 × 固定制造费用计划分配率

（五）成本差异的有利和不利。

凡实际成本大于定额成本为超支、不利因素，上式中差异分析为正数；凡实际成本小于定额成本为节约、有利因素，上式中差异分析为负数。

（六）成本差异的量差和价差。

发现实际成本脱离定额成本发生偏差就需要分析成本差异的量差和价差，以便进一步查明原因，采取积极措施纠正偏差，以控制成本超支和进一步挖掘内部潜力，增收节支。

七、成本管理责任制

（一）实行“统一领导、分级管理”的原则。

（二）建立全厂成本指标控制体系，实行归口管理。

（三）……

（四）……

八、成本分析考核

（一）成本考核指标。

（二）成本内部报表。

（三）有关技术经济指标。

（四）增产节约措施分析。

（五）建立内部成本分析考核制度。

九、附则

（一）本制度经厂务会议审查批准，并报主管财税机关备案，由厂部通知全厂实施。

（二）本制度由总厂财务部门负责解释和修订。

××厂（公章）

××××年×月×日

十四、企业质量成本管理办法

（一）概述

企业质量成本管理办法是企业管理为了提高和改进产品质量所支付的一切费用的制度，或者为了减少没有达到规定的质量水平所造成的一切损失而采取的做法。

（二）写作格式与原则

1. 写作格式

质量成本管理结构包括标题、正文和结尾三部分：

（1）标题。

标题由发文机关、事由、文种构成。制发时间、依据一般在标题之下用括号注明，有的办法这一项目内容可以不写。

（2）正文。

正文一般包括依据、规定、说明这三个要素。

规定是办法的主体部分，这一部分要分章说明具体内容和措施，一般用条款形式撰写。

（3）结尾。

交代实施的日期和对实施的说明。

2. 写作原则

产品质量成本管理办法制定的最终目的是不断提高质量保证能力，满足客户对产品质量的需求，降低成本，提高经济效益。因此在写作时应遵循三个基本原则：

（1）质量标准合理适中，标准过高，成本将无法控制，标准过低，客户需求将难以得到满足。

（2）以真实可靠的质量记录、数据作为依据，保证得出的指导性结论有的放矢。

(3) 根据财务、生产、检验、供销、车间等企业各部门的具体情况进行质量成本控制办法的制定。

（三） 范例

重庆市第三机床厂质量成本管理办法

第一章　总　则

第一条　为保证我厂产品在质量、成本和效益三者之间取得最佳的结合，动员全厂各个部门、车间的全体职工，对质量及产品质量成本进行核算、分析、控制和考核，提高管理水平，增加经济效益，特制定本办法。

第二条　质量成本管理是一项系统工程，需要全厂各部门全面协同配合。各部门在质量成本管理上，应按本办法规定的职能，发挥各自的作用。

第二章　管理机构的设置

第三条　质量成本涉及面广，专业性强，为搞好这项工作，决定建立以总会计师为首的质量成本管理中心，由“全质办”、财务科、技术科、服务科、科研所、销售科负责同志组成，定期开展质量成本分析研究。

第四条　质量成本核算程序，实行车间（职能部门）和厂部（财务科与“全质办”）两级核算体制。按照“归口管理、集中核算”的原则，由车间成本核算员、科室专（兼）职核算员负责本单位的质量成本核算，财务科设专职质量成本会计，负责全厂质量成本核算。质量成本核算程序详见第三章。

第三章　质量成本核算的基本任务和内容

第五条　正确核算质量成本、质量收入和质量经济效益，降低控制质量过程的耗费，争取质量收入的提高，寻求增加质量经济效益的途径和方法，为提高质量管理提供信息资料。

第六条　质量收入包括：新产品研究收入、设计试制收入、生产质量收入、质量检验收入、销售质量收入、技术服务收入和其他收入等。

第七条　质量成本包括：新产品试制成本、内部故障成本、外部故障成本、鉴定成本和预防成本等。

第八条 质量收益包括：本期实现质量收益、潜在质量收益、质量社会效益等。

第九条 质量成本核算要划清三个界限。即划清质量成本收益与非质量成本收益的界限；划清各种产品的质量成本与质量收益的界限；划清质量成本中实现收益与潜在收益的界限（或显见与隐含的界限）。按照我厂实际，确定质量成本开支范围为：

1. 开展全面质量管理活动所耗用的材料、办公费、差旅费及劳动保护费。

2. 质量检测的仪器、仪表、工量具购置、折旧和维护费用。

3. 产品、半成品、外购件和原材料的试验、检验、评审费。

4. 质量管理人员工资、附加费和部门经费。

5. 产品出厂前由于质量缺陷造成的材料和人工等损失，包括废品损失、不合格品返修费用、产品降级损失、停工损失等。

6. “三包”费用及其有关折价损失与赔偿费用。

7. 用于质量管理的奖励支出与培训费。

8. 其他与质量管理有关的费用。

第十条 各单位要根据质量成本核算的要求，加强基础工作，健全原始记录与管理制度，把会计核算的原始记录统一起来，使预测、计划、控制和考核分析工作标准化、程序化、制度化。

第十一条 根据核算要求，建立统计台账，做好质量资料的统计与档案工作，以便形成完整的历史资料。

第十二条 质量成本计划与控制是TQC计划的重要组成部分，也是控制产品质量和生产工作质量的科学手段，故每季度均应由“全质办”牵头，财务科配合编制质量成本计划。

第十三条 以产品质量形成过程为控制对象，做到日常控制、事前控制和定期检查相结合，以班组为重点，进行工序控制，使质量、成本与效益达到最佳结合。

第四章 核算方法

第十四条 实行会计核算与统计核算相结合的方法，即对于实现（或显见）收支采用会计核算方法，对于潜在（或隐含）收支采用统计核算方法。对于质量成本，以会计核算为主，对于质量收入与收益，则以统计核算为主。

第十五条 采用质量核算与财务会计核算相结合的形式，可不专设质量核算科目与账户。质量成本项目与财务会计账户对应关系如下：

质量核算项目		会计科目	
项　目	细　　目	总账科目	明细科目

第五章 质量成本的分析与考核

第十七条 质量成本分析，每月要进行一次。各车间、部门主要应对质量成本的各个项目发生额及其增减原因进行分析说明；财务科主要进行数据分析；“全质办”负责综合分析。

数据分析，主要是从质量成本绝对额的升降、项目构成的变化趋向，找出质量成本管理工作的关键问题。通过构成分析与因素分析，观察变化趋势是否合理，明确变动影响的因素，使之符合故障成本为最低值、鉴别与预防成本保持必要水平、两者变动值之和达到最大正值的要求。亦即符合质量成本最佳值的要求。

综合分析，要结合产品生产质量和质量成本的变化与联系，运用数理统计和TQC的基本方法，对影响产品与生产质量的重要因素进行深入调查，应用排列图、对比图、趋势图、质量成本曲线图等，既可制定出提高产品与生产质量水平的具体措施，又可找到质量成本最佳区域以及降低质量成本的办法。

第十八条 在厂长领导下，由总工程师负责组织改进产品质量，从而降低质量成本；总会计师组织质量成本核算工作；“全质办”负责TQC和质量成本工作的综合组织、监督和管理工作，制定质量和质量成本计划，并按月考核；财务科负责全厂质量成本核算，汇总编制质量成本报表。

第六章 质量成本报表（略）

第七章 附则（略）

××第三机床厂

××××年×月×日

十五、企业财务控制

（一）概述

财务控制是指对财务的运作所进行的适当约束和调节，使之按既定的合理轨道运行的工程。依照控制论的原理，各种不同的调控必须具备两个特点：一是被控对象存在着多种发展的可能性；二是在多种发展的可能中，管理者可以通过一定的手段进行选择，而财务活动则恰恰是可控的，并且是企业管理中的一个重要环节。

（二）写作格式

1. 标题

写明单位名称和文种即可，如“××公司财务控制制度”。

2. 正文

一篇完整的财务控制文书应当包含以下内容：

（1）财务控制的目的和依据。

（2）资金筹措办法。

（3）财务收支的控制管理。

（4）货币资金的控制管理。

（5）对外投资的控制管理。

（6）销售收款的控制。

（7）购进付款的控制。

（8）生产经营费用的控制。

（9）产品库存控制。

（10）固定资产的控制管理。

（11）财务检查和审查。

（三）范例

范例一：

××公司财务控制制度

第一章　总　　则

1. 为了适应社会主义市场经济的需要，加强企业财务管理和内部控制，规范企业财务行为，提高经济效益，本企业根据《企业财务通则》的规定，结合企业的实际情况，制定本制度。

2. 本企业财务管理由财务部负责，其基本任务和方法是：做好各项财务收支的计划、控制、核算、分析和考核工作，依法合理筹集资金；参与经营投资决算；有效利用企业各项资产；努力提高经济效益。

3. 建立和健全企业的内部控制制度，内部控制是为了保护企业资产的安全完整和有效运用，保证会计资料的有效运用，保证会计资料的真实可靠，提高经营管理水平和效益，而在企业内部所采取的一系列组织规则、业务处理程序以及其他调节方法和措施的总称。内部控制制度一般分为内部会计控制制度和内部管理控制制度两类。

4. 本企业内部控制的基本原则是：经济（资产）承包责任制与现代企业管理相结合，相互制约与分工合作相结合，具体原则有：

（1）权力分隔。每一项经济业务的处理程序，不能由一个部门和一个人全部包办，以防止差错和弊端。

（2）合理分管。实行账物分管、钱账分管、印鉴分管、钥匙分管等。

（3）审批稽核。任何经济业务的处理都要有明确的授权与审批，同时要经过财务部门的审核与稽核。

（4）责任明确。各部门和人员职责分明，以致任何情况都能联系到个人责任。

（5）凭证控制。建立和健全凭证制度及严格传递程序，直到会计资料归档。

（6）例行核对。对每一项经济业务和会计记录，都要进行例行核对，以保证账证、账账、账表、账物、账款核对一致。

第二章　资金筹集

1. 本企业筹集的资本金为国家投入的国家资本金；本企业所属企业筹集的

资本金，为本企业的法人资本金。

资本金是指企业在工商行政管理部门登记的注册资本。

资本金在生产经营期间，投资者除依法转让外，不得以任何方式抽走；如需增资，应经企业董事会研究决定，依照法定程序报经工商行政管理部门办理注册资本金变更登记手续。

2. 本企业和所属企业的所有者权益除实收资本外，还包括资本公积、盈余公积和未分配利润。其中资本公积和盈余公积经企业董事会研究决定，可以按照规定程序转增资本金。

3. 本企业和所属企业，通过负债方式筹集的资金，分为流动负债和长期负债。

(1) 流动负债，包括短期借款、应付及预收账款、应付票据、其他应付款等。其中应付及预收账款、应付票据等负债，应由销售或营业部门负责，财务部门积极配合。短期借款及其他负债则由财务部门负责筹措其发生和偿还。各部门自行筹措的短期经营性借款，除总经理批准的以外，不负责偿还。

(2) 长期负债，包括长期借款、应付债券、长期应付款等，均由总经理授权，由财务部门负责筹措其发生和偿还。

财务部门在筹措短期借款、长期借款等负债时，应考虑是否有利于生产经营或投资项目及财务风险等情况。

第三章　财务收支内部控制

1. 实行财务收支预算控制。

(1) 企业各部门要在财务部的指导下，编好月份和年度现金（包括银行）收支预算。月份提前一周，年度提前一月编报财务部。

(2) 企业所属企业要在财务部的指导下，编好月份和年度资金上交与下拨及业务往来的财务收支预算。月份提前一周，年度提前一月编报财务部。

(3) 财务部门和所属企业财务收支预算汇总，加上企业现金和转账部分，即为全企业的财务收支预算，经总经理批准后执行。

(4) 凡预算外的财务收支，需单列项目报告总经理批准后办理。

2. 建立定额备用金制度。

(1) 各部门零用现金定额规定如下：

生产部　××元

经销部　××元

综合部　××元

工程部　　　××元

办公室　　　××元

(2) 对各部门零用现金实行限额开支审核报销办法。

①各部门单项支出在1 000元以下的，先用备用现金开支，然后汇总填制“备用金支付单”，将取得合法的发票单据附在后面，经本部门负责人签批后，到财务部门办理审核报销手续，由会计填制“付款凭证”，凭此到出纳处领取现金，以补充部门备用金。

②各部门单项支出在1 000元以上的，不能在备用金中支付。应由用款部门填制“请款单”，经规定的负责人签批后，到财务部门办理预支款手续，由会计填制“付款凭证”(或以“请款单”第二联代“付款凭证”)，凭此到出纳处领取支票或现金。

③用款部门在购置物品验收或付费等业务手续办妥后，应及时将取得合法的发票单据(在发票背面要注明用途，有经办人、验收入、主管签字)附在原“请款单”存根联后面，到财务部门办理单项报销审核手续。如预支款与实际支付不一致时，应在报销时办理多退款(或少补款)手续。

④单项在1 000元以下的零用金支出，所取得的发票单据要在月末之前及时报销，不得跨月。

单项在1 000元以上的支出，所取得的发票单据要及时报销，不得挂账。

3. 执行按签批金额权限审批付款。

(1) 2 000元以上支出，由各部门负责人审核后报总经理审核批准。

(2) 专项用途资金支出，在确定的金额内，由总经理或分管副总经理审核批准。

(3) 2 000元以下办公支出，由财务部门审核批准。

(4) 因经营需要代收、代付款项，由财务部审核批准，但必须坚持先收后付、不改变原款形式用途原则。

第四章 货币资金内部控制

1. 建立会计和出纳职责分工制度。

在财务部门设置专职出纳员，负责办理货币资金(现金、银行存款)的收付业务。会计不得兼任出纳。出纳不得兼任其他业务工作，除登记现金、银行日记账外，不得保管凭证和其他账目。

2. 加强对现金的稽核管理。

所有现金(包括银行存款)业务收入，应凭收入凭证和收入日报表，并经内部稽核。

3. 控制现金的使用范围。

按照国家现金管理规定，库存现金只能用于工资性支出、个人福利劳保支出、农副产品收购、差旅费、零星开支、备用金及银行结算金额起点以下的小额款项。其他特殊情况使用现金需经总经理和财务部批准。

4. 严格付款审批和支票的签发。

所有付款均应按审批金额权限和两人以上有关人员办理。付款支票必须经过两人或两人以上的签章方为有效。财务和支票专用图章，必须分别掌管，不得由一个人包办。不准开出“空头票”和“空白支票”，开出支票要进行登记。

5. 收付款项要通过会计填制记账凭证。

所有现金和银行存款的收支，都必须通过经办会计在审核原始凭证无误后填制收付款凭证，然后由出纳检查所属原始凭证是否完整后办理收付款，并在收付凭证及所附原始凭证上加盖“收讫”或“付讫”戳记。

6. 遵守核定的现金库存限额和银行结算纪律。

按日常3~5天开支的现金需要量核定现金库存限额，不得超过，不准以白条抵库存。企业单位之间的经济往来，一般应通过银行进行转账结算；不准出借银行账户和套取现金。

7. 及时登记现金、银行存款日记账和结账。

现金日记账按币种设置，银行存款日记账要按账号分别设置，每日要结出余额。库存现金的账面余额要由出纳同实际库存现金每日核对相符。银行存款账面余额要由会计每月与银行对账单核对，调节相符。

第五章　对外投资内部控制

1. 长期投资包括股票投资、债券投资和其他投资。

(1) 长期投资项目要在市场预测的基础上，立项进行可行性研究，考虑资金的时间价值和投资的风险，经经理办公会研究决定后进行，并由总经理授权负责长期投资项目的部门和主要负责人。对外合资合作参股项目，必须严格按照国家有关规定办理海关、工商、税务等手续。财务部门要为决策提出参考意见，履行严格的财务手续，督促、检查项目的执行和效益情况。

(2) 健全股票、债券和投资凭证登记保管和严格记名登记制度，主管长期投资的业务部门，要有两人以上的人员共同管理，对股票、债券和投资凭证的名称、数量、价值及存放日期做好详细记录，分别建立登记簿，除无记名证券外，企业购入的应尽快登记于企业名下，切忌登记于经办人员名下。

（3）对长期投资业务做好详细记录，建立定期盘点制度。对所属企业，每隔半年（经营年度）清点（清理）一次资产负债和检查经营情况；对非控股企业必须每年进行一次投资和收益检查工作。对股票和债券投资，由财务部门做好会计记录，对每一种股票和债券分别设立明细账，并记录其名称、面值、证券编号、数量、取得日期、经纪人（证券商名称）、购入成本、收取的股息或利息等。对个别其他投资也应设置明细账，核算投资及其投资收回等业务。每年至少组织一次清查盘点，保证账实相符。

（4）如长期投资出现亏损或总经理认为有必要时，企业视情况授权财务部或委托会计师事务所，对亏损单位或项目进行审计，并据此对亏损予以确认，作出处理决定。

（5）企业所属企业因故撤销、合并、出让时，应按《公司法》、《企业法》的有关要求，认真做好债权债务的清理工作。

2. 短期投资。

（1）短期投资业务，要由总经理授权的主管业务部门和主要负责人办理该项业务。一般按照经办提出—主管审核—总经理批准—实际投资—验收登记—到期收回等程序办理。

（2）有价证券的会计记录、登记保管、定期盘点等制度可参照长期投资办法进行。

（3）短期投资如出现亏损时，企业授权财务部对业务部门经营情况进行审计，并报总经理批准列亏。如出现较大亏损，企业可委托会计师事务所对该经营项目进行审计。

3. 对外大额存款。

（1）对外大额存款业务，由总经理授权财务部负责办理。一般按信用调查—利息比较—主管审查—总经理批准—对外存款—到期收回等程序办理。

（2）对大额存款利息商定要有两人在场，还款收回、利息收入等要做好详细记录，及时入账，要注意合法性和正确性。

第六章　销货与收款内部控制

1. 企业的销货业务应统一归口由销售或营业部门办理，其他部门及人员未经授权不得兼办。销售业务一般按接受订单—通知生产—销货通知—赊销审查—发（送）货—开票—收票结算等程序办理。

2. 销售或营业部门根据生产经营目标和市场预测，编制销售或营业收入计划，承接购货客户的“订货单”，通知生产部门组织生产、加工等业务工作。

3. 销售发票由财务部门专人登记保管，负责给销售或营业部门开票，发出销货通知给仓库发货和运输部门发运或送货。

4. 销货业务的货款，应全部通过财务部门审核结算收款，在发票上加盖财务收款专用章。赊销业务应经过信用审查，财务部门应将销货发票与销货单、订货单、运（送）货单相核对。

5. 由销货或营业部门制定价格目录或定价办法及退货、折扣、折让等问题的处理规定，由财务部门进行审核监督。

6. 销货业务发生的退货、调换、修理等三包事项，同样通过销货或营业部门按规定办好业务手续后，凭证到财务部门办理结算或转账手续。

第七章　购货与付款内部控制

1. 企业的购货业务应统一归口由供应部门负责办理，其他部门人员未经授权不得兼办。购货和付款业务一般按请购—订货—到货—验收—付款等程序办理。按合同承付贷款有据，拒付有理。

2. 供应部门应根据生产经营需要和库存情况编制采购供应计划，对计划采购订货要签订合同或订货单。合同订单要求条款清楚、责任明确、内容全面，按合同承付货款有据，拒付有理。

3. 市场临时采购，由使用部门根据需求提出“请购单”，报经供应部门审批后办理，较大采购项目须报总经理批准。

4. 所有购货业务做到：情报准、质量好、价格低、数量清、供货及时、运输方便、就地就近。

5. 采购到货，要由仓库和质量检验部门进行数量和质量验收，并有仓库保管员、质量检查员及有关负责人在验收单上签章。

6. 购货付款手续，不论是计划合同订货还是市场临时采购，均由供应部门办理，按规定到财务部门办理请款付款手续。

7. 到货验收付款后，由供应部门请款经办人将审核无误的订货单、验收单、发票账单附在请款单第一联后，经有关业务主管审批后，到财务部门办理审核报销转账手续。

8. 财务部门将从仓库签收的一份验收单与供应部门报销转来的发票账单所附的一份验收单进行核对，以掌握购货业务的请教、报销及在途物资的情况。

第八章 生产与费用内部控制

1. 有关生产业务由生产部门负责。对于原材料的消耗及成本费用的发生和控制，应由生产部门和财务部门及所有有关部门建立成本责任制。严格成本费用的开支范围和开支标准，节约消耗、减少费用、降低成本，财务部门应建立成本控制和成本核算制度。

2. 建立严格的领退料制度，按技术消耗定额发料，按实际消耗计算材料成本。

3. 加强人事和工资的管理，严格考勤，核实工资的计算与发放，正确处理工资及福利费的核算与分配。

4. 重视制造费用发生的核算与分配。注意物料消耗、折旧费的计算、费用项目的设置等是否合法合理。

5. 生产成本、运输成本、营业成本的计算要真实合理，不得乱挤、乱摊成本。要划清在产品与完工产品和本期成本与下期成本及各种产品成本之间的界限。

6. 对期间费用——管理费用、财务费用、营业费用、销售费用的项目要合法、合理，支出要符合开支范围和开支标准，凭证手续要正规。

第九章 存货与仓库内部控制

1. 加强存货和仓库的管理，建立仓库经济核算，搞好有关基础工作，做到账、卡、物、资金四一致。

2. 对存货数量较大的企业，应实行“永续盘存制”。建立收发存和领退的计量、计价、检验及定期盘存（每半年一次）与账面结存核对的办法。其本期耗用或销货成本，按领发货凭证计价确定。

3. 对存货实行永续盘存制有困难的企业，可实行“实地盘存制”，即期末存货没有明细账面余额，是通过实地盘存来确定期末存货，其本期耗用或销货成本，是按下列公式计算：

本期耗用或销货成本＝期初存货成本＋本期购货成本－期末存货成本

4. 存货计价方法：

按实际成本进行日常核算的，采用加权平均法计价；

按计划成本进行日常核算的，采用计划价格计价，期末分摊价格差异。

5. 领用低值易耗品，采用一次摊销。如一次领用数额较大，影响当期成本费用，可通过待摊费用分次摊销。对在用低值易耗品由使用部门和主管部门进行登记管理。

第十章　工薪与人事内部控制

1. 职工的聘用、解聘、离职和起薪、停薪及工资变动等事项，应由人事部门及时以书面凭证通知财务部门和员工所在单位，作为人事管理和计算工资的依据。

2. 工资的计算和支付，要严格按照考勤制度、工时产量记录、工资标准及有关规定，进行计算和发放。并根据工资总额和国家规定的标准，正确计提应付职工福利费、职工教育经费、工会经费。

3. 对职工的责任赔款，应由有关业务部门和人事部门根据劳动法规，并经职工本人签字同意后，方可转财务部门扣款。

4. 领取工资均应由本人签章。本人不在应由其指定人员或其同组人员代领，并由代领人签章。在规定期限内未领取的工资，应退回财务部门，待领工资，记入“其他应付款”账户。

5. 根据成本核算办法，将工资及职工福利费，按职工类别、工时产量统计和单位工资标准，合理分配计入产品直接工资成本、制造费用、销售费用、管理费用等有关账户。

第十一章　收入利润内部控制

1. 当期实现的主营业务收入——销售收入、运输收入、营业收入、经营收入，要全部及时入账，并和与之对应的销售成本、运输成本、营业成本、经营成本相互配比，减去当期应交的营业税金及附加和期间费用后的余额，即为主营业务利润，要能反映出企业的主要经营成果。

2. 当期实现的其他业务收入要全部及时入账，并和与之对应的其他业务支出相配比，求出其他业务利润。

3. 按规定计算投资收益，对投资收益的取得要合法，确定要符合权责发生制，计算要合规，入账要及时，处理要恰当；对投资损失的计算要合法、正确，实事求是。

4. 对营业外收支项目的设置要合法、合理，收支项目的数额要真实、正确，账务处理要恰当。

5. 企业利润总额按照国家规定作相应调整后依法缴纳所得税，然后按规定的顺序和一定比例进行分配。

6. 企业发生年度亏损，可用下一年度的税前利润等弥补，下一年度的利润不足弥补的，可以在5年内延续弥补；5年内不足弥补的，用税后利润等弥补。

第十二章　固定资产内部控制

1. 实行财产主管部门、财产使用部门和财务部门综合核算管理的分工负责制。

（1）财产主管部门：为本企业工程部门（或企业指定部门），负责固定资产登记管理、建设和购置、处置和报废等业务。

（2）财产使用部门：负责固定资产的合理使用、保管、维修。

（3）财产核算管理部门：为本企业财务部，负责固定资产的核算，综合价值管理，每年组织清查盘点一次。

2. 固定资产的建设与购置，一般按下列程序办理。

（1）申请购建：由使用部门提出增加固定资产的报告，交主管部门进行可行性研究后，提出购建报告。

（2）审核批准：报总经理审核批准。

（3）对外订货：由主管部门负责对外订货，签订建设安装工程合同。

（4）建设安装：由主管部门负责监督施工单位施工，按工程进度付款。

（5）验收使用：由主管部门组织验收，交付使用部门使用。

（6）结算付款：根据固定资产购建报告，订货、验收单、工程合同、完工交接单、竣工决算、发票收据等凭证单据，由主管部门审核无误后报总经理批准，到财务部门办理付款结算手续。

3. 固定资产的处理与报废。

固定资产的停用、出售或报废处理，均由保管使用部门提出意见交主管部门审核，报总经理批准后进行处理，并报财务部门审核后作财务处理。

第十三章　分析和考核

1. 本企业和所属企业，可按照行业的特点，使用下列财务评价指标：

（1）流动比率=流动资产÷流动负债×100%

（2）速动比率=（流动资产－存货）÷流动负债×100%

（3）应收账款周转率=赊销收入÷应收账款平均余额×100%

（4）存货周转率=销货成本÷平均存货×100%

（5）资产负债率=负债总额÷资产总额×100%

（6）资本金利润率=利润总额÷资本金总额×100%

(7) 营业收入利税率 = 利税总额 ÷ 营业收入 × 100%

(8) 成本费用利润率 = 利润总额 ÷ 成本费用总额 × 100%

2. 本企业和所属企业内部，可实行分部核算、自定目标、核定收入、控制成本、提高效益、责任考核、资产承包及超额有奖的办法；自定财务和效益考核指标及具体管理办法。

第十四章　内部审计

1. 企业设专职内部审计机构和人员，负责对企业各部门和所属企业的内部审计工作。

2. 企业每年对所属企业进行一次年度例行审计。

3. 如董事会或总经理认为必要，可随时对所属企业进行专项审计。

第十五章　附　　则

1. 本制度经企业董事会批准，并报主管部门和财政、税务机关审核备案后，于××××年×月×日起实行。

2. 本制度由企业财务部负责解释和修订。

范例二：

××企业（外商投资企业）财务控制制度

第一章　总　　则

1. 为了加强财务管理工作，本企业根据《中华人民共和国外商投资企业财务管理规定》的规定，结合企业的实际情况，制定本制度。

2. 本企业财务管理的主要任务：

(1) 组织资金供应平衡，提高资金利用效率。

(2) 降低产品成本，增加企业利润。

(3) 参加经营决策，提高经济效益。

(4) 实行财务监督，加强内部控制。

3. 本企业设置财务部，由董事会任命财务经理一人，在总经理和集团企业财务总监的领导下，负责主持企业的财务会计工作。

财务部内设部门财务会计组、部门成本会计组、内销会计组、综合会计组。

由财务经理聘任会计主任、财务主任和成本主任各一人。

4. 财务部统一管理全企业的财务工作，实行部门分级管理的原则，并逐步建立成本、利润管理中心，推行目标管理责任制，做到：多收订单，及时发货，出口内销，收入实现；层层分管，检验把关；目标成本，标准控制；费用预算，责任考核，实际成本，部门分管，内部核算，差异分析；目标利润，分部完成，以保证全企业生产经营总目标的实现。

第二章　财务收支

1. 各部门要在财务部的指导下，编好月度和年度现金收支预算，并按月检查上月预算实际执行情况。

(1) 各部门要在年度前一个月、月度前一周编好现金收支预算交财务部。

(2) 现金收支预算的项目按“财务收支预算表”的现金部分编表。

(3) 财务部将各部门现金收支预算汇总后，加上转账部分，即为全企业的“财务收支预算”。

(4) 各部门在月度和年度终了后，在一周或一个月内编制“现金收支预算实际执行情况表”。本表与“财务收支预算表”项目完全相同，只是设预算数、实际数、差异数及备注四栏。

2. 对各部门零用现金（包括现金和银行存款的支取）实行定额备用金制度，按签批金额权限确定核准负责人。

(1) 各部门备用现金定额规定如下：

	人民币 RMB	港币 HK
I 生产部	××××元	××××元
M 生产部	××××元	
E 生产部	××××元	
S 营业部	××××元	××××元
PSS 服务部	××××元	××××元
A/C 财务部	××××元	××××元

(2) 规定按签批金额权限确定核准负责人，以签名为准：

50 000 元以上支出，由企业董事长审核批准；

50 000 元以下支出，由企业 A 级负责人审核批准；

10 000 元以下支出，由企业 B 级负责人审核批准；

1 000 元以下支出，由企业 C 级负责人审核批准；

500 元以下支出，由企业 D 级负责人审核批准。

如果将董事长和总经理作为全级领导人，之后则有 A、B、C、D 级负责人。

3. 对各部门零用现金实行限额开支报销的办法。

（1）各部门单项支出在 1 000 元以下的，先用备用现金开支，然后汇总填制“零用金支付单”，将取得合法的发票单据附在后面，经有关负责人签批后，到财务部办理报销审核手续，填制“付款传票”，凭此到出纳处领取现金，以补充部门备用金。

（2）各部门单项支出在 1 000 元以上的，不能在备用金中支付，应由用款部门填制“请款单”，经签批金额规定的负责人核准签署后，到财务部办理预支款审核手续，填制“付款传票”，凭此到出纳处领取支票或现金。

（3）用款部门在购置物品验收等业务手续办妥后，应及时将取得的合法发票单据附在原“请款单”后面，到财务部办理单项报销审核手续。如预支款与实际支付款不一致时，应到财务部办理多退款（或少补款）手续，填制“收款传票”（或“付款传票”），将多预支款（或补支款）交出纳处。

（4）单项在 1 000 元以下的零用现金支出，所取得的发票单据要在月末之前及时报销，一般不要跨月。

单项在 1 000 元以上的支出，所取得的发票单据要及时报销，不要挂账。如有前账未清，以后又需要预支款时，必须由部门有关负责人签明前账未清的原因后，才能继续预支款项。

第三章　财产管理

1. 加强对固定资产的管理，实行部门主管使用和财务核算管理的制度。

（1）固定资产，包括房屋及建筑物、机器设备、电子设备、工具模具、家私用具、装修、运输车辆等，由固定资产所在部门负责保管使用、维修、保养。

（2）固定资产的增加验收与管理。

固定资产的建设与购置，要由需用部门提出申请，经签批金额权限的领导人核准后，由有关工程部门进行建设或购置，在竣工验收交付使用时，填制“固定资产交接证”，连同有关账单入账。

（3）固定资产的处理与报废。

固定资产的停用、出售或报废处理，均由保管使用部门提出意见，经总经理核准后交有关工程部门进行处理，并通知财务部入账。

（4）每年要对固定资产进行实地盘点一次，发现盈亏损坏，要进行处理，并检查使用、保养和维修情况，做好记录。

2. 存货管理，实行永续盘存制，建立收发存领退的计量、计价、检验和定期盘点的制度。

(1) 存货，包括原材料、在制品、半成品、产成品、内销商品及总务用品等物资。

(2) 各部门都有自己的存货仓库；同时还设有公仓，是企业的主要存货仓库。

(3) 存货入库要办理点收数量，检验质量，填写“验收单”，由仓库输入电脑。

①原材料要根据“订货单”和“发票”订购和登记入账。

②产品要根据“加工单”投产。

(4) 存货出库，要根据有关凭证办理发料、发货、送货及退货手续，由仓库输入电脑。

①原材料根据“套料单”和“物料申领单”办理。

②产成品根据“出货单”及“装箱单”办理。

(5) 存货盘点，每年6月末和12月末为定期实地盘点时间，其余月份为账面结存数量盘点。对每种存货在盘点时要填制“盘点单”，并经会计师事务所派人核数。实地盘点数量与账面结存数量相比发生盈亏，要查明原因，进行调整处理。

(6) 存货计价。

①取得时的实际成本计价。

②产成品按单位产品标准成本计价。

③在制品、半成品的原材料按投入标准成本，工费按单位标准成本的一半计价。

④内销商品按售价法计算，减去进销差价。

第四章 费用管理

1. 对成本费用，实行部门管理，预算控制制度。

(1) 费用，是在生产经营过程中发生的各项耗费。

在生产过程中发生的费用，包括直接材料、直接人工及制造费用，应计入产品生产成本。

在销售过程中发生的销售费用，为组织和管理生产经营而发生的管理费用和财务费用，作为期间费用，计入当期损益。

(2) 直接材料，由生产部门用领料单，编制单位产品原材料标准成本进行核算控制。

（3）直接人工，由生产部门控制工人人数、工资标准及工资总额，并编制工资预算和单位产品直接人工标准成本进行控制。

（4）制造费用，由生产部门编制不同生产量预算情况下的弹性年度预算，按月控制。

（5）销售费用，由营业部门根据各地经销部门情况编制不同销售量预算的弹性年度预算，按月控制。

（6）管理费用，由公共行政部门编制固定的年度预算，按月控制。

（7）财务费用，由财务部门根据资金调度情况，编制年度预算，按月控制。

2. 对费用开支，实行领款审批、报销审查制度。

（1）各部门的现金费用支出，按财务收支规定，经规定签批金额权限领导人签署后，并分单项支出在1 000元以上和1 000元以下，到财务部办理领款手续。

（2）各部门的现金费用支出，要按财务收支规定，取得合法的发票单据，并在背面注明用途，经本部门有关负责人、验收人、经办人签署后，到财务部办理审核报销手续。

（3）各部的转账费用支出，由公共行政部和财务部门按照与各部门商定的分配标准，填制“借款通知单”进行转账。

（4）对有些费用中属于员工个人支出的，应划分开支范围和制定开支标准，如：

员工福利费中的膳食费、医疗费、防暑降温费等。

差旅费中的交通费、住宿费、膳食补助费等。

第五章　外币管理

1. 会计核算以人民币为记账本位币。

（1）对港币和人民币的比值，采取1∶1的固定折合汇率记账。在年度终了时，再按中国人民银行公布的年末市场汇价（中间价）予以调整，其差额作为汇兑损益，记入当期损益。

（2）对其他外币，无论增加或减少，均采用当月1日中国人民银行公布的市场汇价（中间价）作为折合汇率。

（3）凡以记账本位币以外的货币进行的款项收付，往来结算以及计价等业务，均要记录外币的数额，并换算为人民币记账。

2. 对于现金，应收应付往来结算款项，均应按货币种类分别设账记账。

（1）对于现金要分别按港币、人民币和其他货币分别设现金日记账和现金账户记账。

(2) 对于银行存款同样要按港币、人民币和其他货币及不同账号设银行存款日记账和银行存款账户记账。

(3) 对于应收或应付账款等往来结算业务，亦应按港币、人民币和其他货币分别设置账户记账。

第六章　内部稽核

1. 加强内部稽核，设置会计稽核岗位，从事包括事前、事中及事后的审查、复核与核对工作，以保证账证、账账及账表相符。

(1) 稽核经济业务的合法性、真实性，防止违法违纪。

(2) 稽核原始凭证的合法性、正确性，防止伪造涂改。

(3) 稽核记账传票与原始凭证的一致性，保证账证相符。

(4) 稽核账簿与记账传票的一致性，保证账证相符。

(5) 稽核总账与明细账的一致性，保证账账相符。

(6) 稽核报表与账簿的一致性，保证账表相符。

2. 加强财产物资的盘点，做好电脑收发存记录，保证账实相符。

(1) 对所有存货每月编制一次期末存货计价报告表，以满足计算财务成本的需要。

(2) 对所有存货在6月末和12月末进行实地盘点及计价工作，发现与账面结存数不符，要查明原因，进行调整处理。

(3) 对固定资产每年在第四季度进行一次清查盘点，并与账面进行逐项核对，发现问题，查明原因，报告总经理进行处理。

第七章　内部控制

1. 加强内部控制制度，以保证经济业务的合法性和会计信息的可靠性，防止差错和弊端，从而保护财产的安全、完整。

(1) 内部控制制度，是指企业的行政领导、内部各职能部门及有关工作人员之间，在处理业务过程中的相互联系和相互制约的职责分工制度。包括会计控制和行政管理控制。

(2) 本企业内部控制制度的基本原则。

①权力分隔。每一项经济业务的处理程序，不能由一个人全部包办，以防止差错和弊端。

②合理分管。实行账物分管、钱账分管、印鉴分管、钥匙分管等。

③审批稽核。任何经济业务的处理，都要有明确的授权与审批，同时要经过财务部门的审核与稽核。

④责任明确。各部门和人员职责分明，以便任何情况都能联系到个人责任。

⑤凭证控制。建立和健全凭证制度及严格的传递程序，直到会计资料归档。

⑥例行核对。对每一项经济业务的合法性、真实性和正确性，都要进行例行核对。以保证账证、账物、账账、账表核对一致。

2. 加强财务收支和产供销业务的相互制约，并有利于生产经营业务活动的顺利进行。

(1) 所有财务收支必须经过部门签批金额权限的领导人核准—财务部会计人员编制传票—出纳处办理款项收付的规定程序。

(2) 所有材料物资的申购、订货、采购、到货、验货、保管和货款结算等业务，不得由一个部门或一个人办理，应有明确的分工，各负其责，按制度办事。

(3) 所有产品的订货、投产、检验、入库、发货、出厂、发运、结算收款等业务，均经过有关负责人审批核准，通过有效凭证，按照规定的程序进行。

3. 加强会计电算化的管理，建立严格的岗位责任制

(1) 建立会计主管、财务会计、成本会计、电脑会计及出纳人员的岗位责任制，明确系统运行、维护权责关系。

(2) 建立严格的审核制度，要对输入前的会计传票和输入后登账前的会计数据进行严格的审核。

(3) 建立会计软件和会计数据的安全保密制度，制定防范电脑病毒的措施。

(4) 加强会计数据的管理，建立会计数据备份及恢复制度。

(5) 加强对电脑设备的管理，并指定专人负责。

第八章　内部审计

1. 由审计部负责对各部门的财务收支及其经济业务进行审计监督。

(1) 调查和评价内部控制制度，检查各部门存在的漏洞和浪费现象，提出防止差错和弊端的改进措施，加强财务管理控制。

(2) 审查财务收支，抽查记账传票，检查原始凭证及其经济业务的合法性、真实性和正确性。

(3) 审查记账传票的编制和输入电脑的正确性，检查会计账目和各部门之间及往来结算的正确性。

(4) 审查会计报表，检查各种报表的合规性、正确性，抽查盘点财产、存

货、现金的正确性。

2. 由审计部负责对各地经销部的财务收支及其销售业务进行审计监督。

(1) 检查各地经销部商品产品存货实行售价核算控制和“商品产品进销存明细表”的使用情况。

(2) 审查各地经销部“商品产品销售汇总月报表”和销售业务财务收支的正确性。

(3) 审查各地经销部“商品产品盘存（结存）报告表”反映期末存货及进销差价的真实性和正确性。

第九章　附　　则

1. 本制度经企业董事会批准，并报主管财政税务机关备案后实行。

2. 本制度由企业财务部负责解释和修订。

第二章

企业财务管理文书

一、企业成本核算方法

（一）概述

企业成本核算方法是指进行成本核算的企业为加强成本管理，依照同类企业成本管理的有关规定而制定的适合本企业实际的一套具体管理办法。它是企业加强成本管理的制度依据，直接关系到本单位成本管理的水平和单位的经济效益。

（二）写作内容与要求

1. 企业成本核算方法的写作内容

企业成本核算方法的写作和一般规章制度写作类似，一般按条款形式写作，格式较自由无固定要求。

一般来说，写明以下几点内容即可：

（1）本单位实行几级核算制。

（2）成本核算的任务。

（3）成本核算的对象。

（4）具体成本项目及生产费用，其费用的汇集与分配。

（5）成本的界定与计算方法。

（6）费用成本的具体管理措施。

2. 企业成本核算方法的写作要求

由于各企业产品类别不同，虽然《企业会计准则》和《企业财务通则》对成本管理作了一些规定，其成本管理的核算方法也存在差异。因此，制定本企业成本核算方法时，一定要全面客观分析本企业产品成本，实事求是，从实际出发，制定适合本企业的核算方法，不能制定得太粗、太原则，否则不便操作，对企业管理造成很大麻烦。

（三）范例

尚成公司成本核算管理办法

第一条　为了认真贯彻执行成本管理的有关法令和制度，准确及时地计算生产过程所发生的成本，以便结合产品各步骤生产特点，准确、合理地计算产品总成本和单位成本，分析成本资料，提出降低成本措施，为销售定价提供依据，特制定本办法。

第二条　凡经一定的生产工艺过程而出售的产品部件均应进行成本核算。

第三条　原料及主要材料项目：包括各生产过程所耗用的原材料。

第四条　燃料动力：燃料（煤）、电。

第五条　工资：指直接参加生产的员工工资，包括基本工资、生产奖金、超额计件工资、加班工资、夜班费、副食补贴等。

第六条　提取的员工福利费。

第七条　车间经费：车间发生的各项费用。包括：车间管理人员的工资，修理工、勤杂工的工资，按比例提取的福利基金、折旧费、车间办公费、水电费、取暖费、租赁费、保健费、低值易耗品费用、劳保用品费用、在产品盘亏及其他。

第八条　公司外加工费用：因公司外加工项目金额较大，所以和材料应区别计算，以便掌握此项费用的开支数额。另外，这部分外购件保存在半成品库，也应单独立账核算。

第九条　材料。

（1）直接材料：凡直接供给产品制造所需，而能直接计入产品成本的原料。

（2）间接材料：凡间接用于产品制造，但并非形成产品本质；或虽形成产品本质，但所占成本比例甚微，或不便于计入产品成本的物料，按一定标准（数量或重量）进行分配。

第十条　人工。

（1）直接人工：从事直接生产的员工报酬，能直接计入产品成本者。

（2）间接人工：从事公司行政、研究等工作及不直接从事生产的员工报酬，以及不能或不便于计入产品成本者，按生产工时进行分配。

第十一条　制造费用。

制造费用系指生产过程中，除直接原料、直接人工外，所发生的一切其他费用。包括间接材料、间接人工及其他费用等。具体分配标准根据产品特点按工时、重量或数量进行分配。

第十二条　产品成本核算随步骤的结转而结转，其中一部分转入成品（卖出部分），一部分转入下一道工序，转入下一道工序的成本，分项加入成本项目中。

第十三条　半成品成本的核算：上一道工序的半成品，分项目加在本车间内成本中，材料按重量分配，其他成本按工时分配。加工完的产品入半成品库。

第十四条　半成品和外协件成本的核算：对食用的材料半成品件和外协件进行加工时，其材料成本能直接计入的直接计入；不能直接计入的按量分摊，其他项目按耗用工时分配。

第十五条　组装成本的核算：材料能直接记入的直接记入，不能直接记入的按量分摊。

第十六条　辅助生产的核算：辅助生产部门有维修、汽车、电工、冬季为车间取暖供气，按提供的劳务时间分配，互相提供劳务则一次分配。

第十七条　按消耗定额、工时定额和费用定额制定单位计划成本，再按计划成本考核各产品部件的成本完成情况和经济效益的高低。对发生的差异要进行分析，找出原因，提出改进措施。

第十八条　各项费用开支本着节约的精神，严格按费用定额考核。

第十九条　各车间直接购入的费用，除有发票外，必须附有车间领料单，写明数量金额，并要求车间负责人签章，财务与车间同时记账。

第二十条　由仓库领用的费用，车间开领料单，仓库划价，一式三份，车间、仓库同时记账，每月 28 日前仓库和车间核对后报财务部。

第二十一条　各部门、车间的办公用品，由公司总务部负责考核指标，并负责在领用单上划价，一式三份，三方记账（公司总务部、车间、财务部），每月 25 日公司总务部把本月盘点表金额和各部门车间领用的价值报到财务部。

第二十二条　财务部要分部门计算费用的使用数额，定期公布超支结余情况。

第二十三条　材料的管理。

1. 材料账要求不出现赤字，发标的要估价入账。

2. 领料应尽量由专人负责，凡能确定领料用途的一定要填写用途。

3. 材料在领退库方面，分四种情况处理：

（1）车间一次领出易耗材料，存放于车间，月终由车间负责实际盘点，办理假退库手续。

(2) 一般材料归库负责管理，每月要清点一次，车间要实事求是地领料，车间领出的料，月末要盘点退库，按实领数作为当月的消耗。

(3) 半成品要按本月生产数加本月支出数领料，车间卖出数开半成品入库单，连同提货单一起交半成品库，由半成品库记账。进料时要准确，要通知仓库点数。

(4) 其他价值较大的材料则要求车间用多少领多少，车间月末不办理假退库手续。如车间月终存量过大，则应办理假退库手续。

4. 由车间卖出材料时，要由车间办理退库手续，连同提货单一并交库。

5. 供销仓库组负责费用定额的考核，并要按定额储备。

第二十四条　半成品的管理。

1. 半成品库应将半成品和成品件、外协件分开保管、记账。

2. 半成品入库应同时有入库单。外协件入库要随时开入库单，月终结算时要和发票对照无误，要凭提货单和领料单提货。

3. 半成品领用和卖出部件时，要凭提货单和领料单提货。

4. 半成品库要账、卡、物相符，出入库手续制度健全，建立定期的盘点制度，及时提供盘点表。

5. 半成品一定要通过半成品库，以便于计算半成品件数。如果车间和班组直接转递时，可同时写一张入库单（入库部门的）和写一张领料单（领用部门的）一起交半成品库，由半成品库组记账。

6. 车间必须对生产和领用的半成品件进行统计和核算。

7. 车间小组长必须在月末对半成品进行盘点，把盘点表交车间核算员。

8. 成品库组备发的半成品件月末也需盘点，把盘点表报财务部。

9. 对半成品的废件，要分别存放，不进行盘点。次件要分别盘点和存放。对废件要由技术质量部拟出管理程序，按制度办事，不得任意处理。

第二十五条　成本室应在每月月底，根据“制造费用明细分类账”编制“制造费用汇总表”及“制造费用分摊表”，按各服务部门制造费用摊入各成本中心。其传票分录为：

借：在制品

　贷：制造费用

同时分别登录于“在制品明细分类账”及“制造费用明细分类表”。

第二十六条　生产部应在次月3日前，呈送下列生产月报表。包括：制一部生产月报表、制二部生产月报表、制三部生产月报表、材料月报表。以上各报表应一式两联，第一联自存，第二联送成本室。

第二十七条　成本室根据上列报表，编制原物料、在制品、制成品的收发存明细表。

第二十八条　成本室根据“耗用直接材料明细表”、“制造费用”及“直接人工汇总分摊表”，计算制成品及在制品的单位成本和总成本，同时编制“成本计算表”。

第二十九条　成本室根据会计室编制的销货明细表再编制“产品规格类别损益表”。

第三十条　成品的单位成本采用加权平均法计算。其公式为：

(上月底结存总金额＋本月生产总金额)÷(上月底结存量＋本月总生产量)

第三十一条　成本室根据成本计算表来编制传票。其分录为：

借：制成品

　贷：在产品

同时登录于“在产品明细分类账”及“制成品明细分类账”。

第三十二条　成本室根据“收发存明细表”核对发票后，编制传票。其分录为：

借：销货成本、推销费用或制造费用

　贷：制成品

第三十三条　成本室于每月结算工作完成后，应将其有关的成本报表汇送会计室，供汇订财务报表用。

第三十四条　本办法经公司总经理核准后颁布实施，修改时亦同。

二、增产节约计划书

（一）概述

增产节约计划是企业挖掘潜力的行动计划，其目的是保证年度计划的实现。企业根据年度经营目标和生产运作的实际情况制定增产节约指标，并逐级按厂部、车间、科室、小组并按年度、季度、月度编制和执行指标计划。

（二）写作格式

增产节约计划包括标题、正文、落款三个部分。

1. 标题

写明××单位增产节约计划即可。

2. 正文

增产节约计划的内容必须包括以下4点：

（1）指导思想在前言部分写出。

（2）明确的任务指标也在前言部分写出。

（3）为实现任务指标而采取的具体步骤措施。

（4）任务指标的完成时间。

3. 落款

注明日期，以此作为凭证并存档。

（三）范例

西安金属实业有限公司年度增产节支计划

为了增强本公司产品的市场竞争力，最大限度地降低产品的成本，力求以最少的物化劳动和活劳动投入创造更大的经济效益，必须发动全公司员工深入、广泛地开展增产节支活动。

公司的奋斗目标是：全年度金属切割机比去年增产28%以上，费用节约250万元。

一、努力增加生产

金属切割机是发展五金工业、关联重工业生产的重要产品。我们决心努力增加生产，发挥规模经济效益。去年完成金属切割机140万台，今年计划生产180万台，增产40万台，增长率为28.5%。具体措施是：

1. 加强对经济工作的领导，特别要加强对技术工作、企业管理和生产指挥系统的领导。

2. 加强科学管理，按照工时定额、设备能力和工艺装备组织生产，充分发挥生产能力。

3. 狠抓关键，集中力量攻克大型切割机、精密切割机中存在的技术问题。安排生产坚持难易结合，做到均衡生产。

4. 深入开展以优质、高产、低耗、安全和多积累为主要内容的劳动竞赛，严格奖惩制度，做到多贡献、多得奖。

二、进一步提高产品质量

1. 组织全体员工学技术、学管理，提高技术水平，使每个操作人员能掌握现代生产技术，以适应生产发展和提高产品质量的需要。

2. 改进生产工艺，保证产品质量的提高。全年减少返工工时 5 000 个，节约返工成本 20 万元。

3. 在质量管理中做好三接三检工作，做到不合格零件不到下一道工序，不合格产品不出厂。进行用户访问，实行三包，不断改进产品设计，不断提高质量，稳定一等品水平，争创优等品。

三、积极降低消耗

从我公司构成因素来分析，××××年，原材料比重已占 83.19%，因此，××××年，要把降低消耗、节约原材料作为增产节支的一个重要工作来抓，全年节约材料费用 170 万元。

1. 提高钢材、钢片利用率，加强材料套裁利用，做到投料算了用、大小套了用、余角边料综合用。我公司钢材利用率去年为 93.71%，今年争取提高到 94%；钢片利用率由去年 95.39% 提高到 95.5%；全年预计用钢材 2 000 吨，因而提高利用率节约 7.5 吨钢材，节约额 10 万元。

2. 建成第一车间和第一仓库，即修旧利废车间和仓库。修复利用已损坏的机床零件、电气设备、电动机及工具等，节约开支 20 万元。

3. 做好废旧物资回收工作，全年回收废钢材 70 吨、有色金属 10 吨。

4. 进行产品设计改革，从改进产品设计中要效益。

西安金属实业有限公司

2008 年 12 月 1 日

三、企业日常成本管理建议书

（一）概述

企业日常成本管理的建议主要是针对经常被企业忽视的日常开支而提出的。在企业的整体因素基本确定的情况下，企业对成本的控制应着眼于每项生产经营活动所产生的成本，也就是日常管理成本。

（二）写作格式与要求

1. 写作格式

成本管理建议书一般包括标题、称谓、正文、结尾、落款几部分。

（1）标题。

在第一行居中写“建议书”字样，一些可写上建议内容和建议对象。

（2）称谓。

建议书要求注明受文单位的名称或个人的姓名，要在标题下隔两行顶格写，后加冒号。

（3）正文。

正文的写作一般按以下三个步骤进行：

①首先阐明提出建议的原因、理由以及自己的目的、想法。这样往往可以使受文单位或个人从实际出发，考虑建议的合理性，为采纳建议打下基础。

②其次写明建议的具体内容。一般建议的内容要分条列出，这样比较醒目。建议要具体明确、切实可行。

③最后提出自己希望被采纳的想法，但建议语气应谨慎虚心，不能过激，更不能使用命令的口吻。

（4）结尾。

一般附上表达敬意或祝愿的话。

（5）落款。

落款要署上提建议的单位或个人的名称以及成文日期。

2. **写作要求**

为确保成本管理建议书的切实可行，在写作时要注意以下几点：

（1）加强企业每位成员的节约意识，确保每一分钱的投入都获得最大的回报。

（2）抓好日常开支的细节，从一点一滴做起。

（3）要关注企业日常生产经营活动各个环节中的成本管理，包括办公设备和原材料采购、人力资源管理、办公设备使用、存货管理、能源使用、安全管理、差旅交通、收款和付款、物品寄送等。

（三）范例

关于加强日常成本管理的几点建议

总会计师、先锋电机厂厂长：

我厂生产的电控产品，近几年由于成本高，市场竞争能力已相对减弱，经与广东、上海等地同类、同规格商品比较，我厂生产的产品价格都高于广东和上海。对此，我们认为首先应从加强我厂日常成本管理入手，逐步扭转成本过高的局面。现结合本厂实际，提出以下几点建议：

一、应建立健全生产耗用材料目录，尤其是对材料库存数量和金额，应制定出最高库存限额标准。目前，我厂积压材料较多。据查，总额已达 150 万元，其中仅油漆一项，按生产耗用可使用 62 年之久，因而严重影响了企业资金的周转。这表明，由于没有材料库存最高限额而给企业带来的经济损失是严重的。

二、对现有的生产材料耗用定额应定期进行修订，以杜绝材料耗用上的损失浪费。现阶段所用的材料耗用定额偏高，仅铜料一项耗费量就十分惊人，现有定额每件产品耗铜料 1.2 公斤，经我们实地测验，每件产品实际耗用铜料为 1.0 公斤，若在责任心强的工人手中，其耗费还可下降，实际仅为 0.85 公斤。若按每月产量 2 万件计算，每月可节约铜料 4 000 公斤，节约金额可达 3.2 万元。由于材料消耗定额偏高，操作中不注意钢材的节约，大料加工成小的，损失浪费很大。有的用铜料加工各种民用品，也有个别人将节余的铜料窃为己有。故我们建议材料消耗定额应尽早修订，使之合理化，既不浪费，又可满足产品用料要求。对于材料消耗定额超定额部分应实行限额定价处理，以加强有关生产岗位的责任感。

三、建议从两方面实行成本标准控制。一是劳动定额标准，即制定劳动作业时间标准，以及单位时间的产量。二是成本预算标准，凡是订有岗位责任的场所，均应按业务量制定出相应的费用支出预算，在执行中如有超过预算的，要单独办理追加预算的报批手续。

四、出台成本控制制度。即根据有关的财务会计制度，并结合我厂的经营情况，制定出有关成本控制的制度。诸如“汽车司机及押运人员差旅费管理办法”、“材料节约奖励办法”、“物资出入库制度”和“计件超额奖励办法”等。这些制度的建立，在成本控制、保证标准成本的执行上都可起到积极作用。

五、建议实行反馈控制。即在成本控制过程中，应强调反馈责任，建立反馈制度。各有关部门应定期向厂部报送“成本计划执行情况报告”、“材料消耗定额执行情况报告”和“预算差异因素分析报告”等，以考核各岗位业绩，评议奖罚。

六、建议加强产品质量检测工作，将废品率降至0.5%以内，直至无废品。

七、在健全和完善厂内银行内部资金管理核算的基础上，进一步完善厂内“购料”制度，实行一手钱、一手货、钱货两清的核算制度，以杜绝材料消耗上的损失良费。

以上建议，请领导审议、批准执行。

先锋电机厂财务科
2003 年 8 月 29 日

四、实行固定成本控制的请示

（一）概述

1. 固定成本控制的概念

固定成本（又称固定费用）是指成本总额在一定时期和一定业务量范围内，不受业务量增减变动影响而保持不变的成本。

2. **固定成本的分类**

（1）约束性固定成本。

约束性固定成本即为维持企业提供产品和服务的经营能力而必须开支的成本，如厂房和机器设备的折旧费、财产税、房屋租金、管理人员的工资等。由于这类成本是维持企业经营能力的必须消耗，因此，也称为经营能力成本（capacity cost）。这类成本的数额一经确定，不能轻易加以改变，因而具有相当程度的约束性。

（2）酌量性固定成本。

酌量性固定成本即企业管理层在会计年度开始前，根据经营、财力等情况确定的计划期间的预算额而形成的固定成本，如新产品开发费、广告费、职工培训费等。这类成本的预算数只在预算期内有效，企业领导可以根据具体情况，确定不同预算期的预算数，所以，酌情性固定成本也称为自定性固定成本，数额不具有约束性，可以根据不同的情况加以确定。

（二）写作内容

固定成本控制是有价值的，它并非像普遍理解的那样是固定的，没有管理的余地。实行固定成本控制的请示的写作可以从一些可以管理的部分入手，例如减少固定资产投资、充分利用供应商、间接费用的不合理摊销、提高设备利用率。而且对它们进行管理也是建立企业成本优势和核心竞争力的行之有效的方法。

（三）范例

关于拟在铸钢车间实行固定成本控制的请示

总会计师暨邯郸钢铁厂厂长：

按我厂的“以优质的产品，一流的服务，竭力提高企业效益和信誉”的经营方针，我们于今年年初曾对几年来影响我厂经济效益较大的铸钢车间的成本进行了检查。

通过检查我们发现，近两年造成铸钢车间成本升高的因素很多，其中最主要的因素，是我厂生产的产品品种、产品结构改变频繁，使铸钢车间的产品——铸钢件的内部用量大为减少。另外，由于各用户资金紧缺，订购钢件的数量也在减少，出现了销路不畅的局面。由于内用件少，外销件更少，致使单件产品成本中的固定费用猛增，比上年提高28%。

鉴于上述原因，我们认为，只有充分利用铸钢车间的现有设备和生产能力，调动车间技术人员、工人和销售人员的工作积极性，努力提高质量，保证信誉，扩大承揽加工，开拓用户，才能打开销路，提高产量和效益。同时，厂内也应从资金上采取重点扶持的政策，保证该车间生产用原材料、燃料动力的供应，为其增加产量创造基本条件。今年通过销售人员的信息反馈，原用户销路回升，新用户也急需钢件，所以我们建议铸钢车间生产产量在××××年的基础上扩大产量。即铸钢车间生产的产品品种不变，而将钢锭的产量从××××年的480吨增加到1 000吨；铸铁产量从360吨增加到700吨；钢件的产量从320吨增加到600吨，各产品仍保持原来的单位售价。由于产量增加，单位固定成本下降，预计今年的销售收入将比上年增加317万元。虽然铸钢车间的固定费用总额仍为159万元，但因产量增加，分担在各个品种的单位成本则可大幅度大降。以××××年为基数，预计可降低成本89万元。此项固定成本控制办法，已与生产处、销售处共同商讨过几次，他们都认为可行。现将《铸钢车间固定成本控制办法》送上，请予审定。

邯郸钢铁厂财务处

2003年×月×日

五、材料采购成本控制情况报告

（一）概述

采购成本控制情况是指控制与采购原材料部件相关的物流费用的情况，包括采购订单费用、采购计划制订人员的管理费用、采购人员管理费用等。

（二）写作格式与内容

1. 写作格式

采购成本控制情况报告一般由标题、受文领导、正文、落款、成文时间组成。

标题包括事由、文种两部分，正文的内容主要包括目前情况、存在的问题、今后的打算和意见。

2. 写作内容

采购成本控制情况报告要包括影响成本因素分析、内部成本控制制度、现状及存在问题等内容。

（1）采购过程成本的影响因素分析。

①可见成本的影响因素。

a. 价格成本。

b. 交易成本。

c. 关系成本。

d. 质量成本。

e. 运输成本。

f. 运营成本。

g. 物流成本。

②隐性成本的影响因素。

a. 人力资源成本。

b. 资金周转成本。

c. 信息搜集及利用。

（2）企业相关内部控制制度。

①确定岗位分工，批准岗位授权。

②请购与审批控制。

③采购与验收控制。

④付款控制。

⑤监督检查采购活动。

（3）当前企业采购成本控制的现状及存在的问题。

①市场体制不完善，交易行为不规范。

②企业多头采购，无固定的价格体系和标准。

③企业内部经营管理体制存在一定的缺陷。

④信息滞后提高了采购的成本。

⑤企业与供应商之间的关系紧张提高了采购价格。

（三）范例

红星皮鞋厂关于材料采购成本控制情况的报告

红星皮鞋厂财务处：

本年，为了控制材料采购成本，我厂投入了很大的精力，以财务处材抖核算室为核心，进行了合理的调控，取得了显著的经济效益。现将我们的具体做法报告如下：

一、采取生产、供应、财务“三结合”的办法，避免了材料采购过程中的盲目性。

过去，我厂90%以上的材料均由供应处直接采购，并负责材料的验收、发放和保管。现今市场变化快，工厂产品结构复杂，品种繁多，大量或成批采购很容易造成库存积压。据计算，截至××××年末，我厂主库存材料为780万元，××××年增加到960万元，其中，重复采购的物资就达70万元以上。对此，财务处及时设计并推行了《材料月份用款计算表》。先由各车间按产品的市场需求量提，出生产用料，由供应处汇总填写《材料月份用款计算表》，经仓库保管员核对库存量后，报送生产处总调度，生产处根据生产情况核实批准，在“备注栏”中示明采购急缓程度，送财务处材料核算室核算价格，最后再由财务处处长根据资金情况批准“实支数”。这一管理控制办法实行一年来，仅避免重复采购一项就节省20万元，另外还拒付价格过高的材料27万元，经磋商而降低采购价格使费用支出减少15万元。

二、采购物资实行“四同”（即同品种、同型号、同名称、同技术要求），对材料购入价格进行比较分析。

实行这个办法以来，直接减少因信息不灵、不准而高价购买材料的损失达25万元，并使采购人员的价格观念、成本意识有所增强。此外，我们还订阅了

《价格信息》等报刊杂志，搜集我厂需用材料的价格，定期了解原料厂家的价格变动情况，在此基础上，工厂还对11种占材料采购成本较大的物资制定了目标限价。自财务处材料核算室进行“四同”材料价格比较分析后，过去那种舍近求远、质次价高的不合理问题得到了有效控制，人为扩大采购成本的问题也得到基本解决。

三、采用“ABC管理法”，重点控制，严格审核。

与此同时，我们还将现代化管理办法—“ABC管理法”直接应用于材料采购成本控制上，也收到了良好的效果。经分类，划分出A类消耗物资11项，这类物资占采购品种5%，但却占采购资金50%以上。我们对这11项消耗材料重点进行市场价格调查，并查阅各种价格资料，结合国家有关物资的价格政策，制定了“厂内目标采购限价表”及相应的奖罚办法，收到了立竿见影的效果。采购人员通过多渠道、全方位奔波，在这方面共节约材料成本费21万元。

四、全面控制，有效节约材料采购成本中的运杂费开支。

近年来，运杂费占材料采购成本的比重越来越大。为了控制材料采购的运杂费，降低采购费用，经访市内各货场、运输公司，收集整理国家对运杂费的价格政策、限价措施，决定运输物资优先使用本厂运输工具，在本厂车辆紧张而需用社会运输工具时，也实行及时限价送货。结果，使我厂的材料采购运杂费成本大幅度下降，仅××××年一年就节约费用3万元。

五、建立材料采购价格档案，形成价格监督体系。

为有效降低采购成本，我们把收集到的价格资料分门别类归档立册，形成内部价格档案。对采购质优价廉物资的，予以奖励。价格档案同时也为我们实行计划成本核算提供了依据。如××××年我厂供应处与江苏某公司订购醋酸人造丝，通过查阅“物资价格档案”发现其价格高于市场最新价，我们即予拒付，经磋商，共为企业挽回经济损失2.72万元。

上述几点是我们在探索材料采购成本控制中的一点收获，今后随着现代管理方法的推广，我厂对材料采购成本的控制定会更加合理、更加有效。

红星皮鞋厂财务处
2003年12月1日

六、企业利润分配计划书

（一）概述

企业利润分配计划书是企业根据国家相关规定分配企业利润时形成的书面材料。利润主要指上交国家的利润、所得税和企业自主分配利润等。

（二）写作格式

利润分配计划书包括标题、正文和结尾三部分，一般采用条文的形式，有的也采用表格加文字说明的形式。

1. 标题

写明计划单位以及利润分配计划书即可。

2. 正文

正文应包括以下内容：

（1）计划单位的基本情况。

（2）制订本计划的指导思想。

（3）利润分配指标及其分配办法。

3. 结尾

标明抄送单位及日期，并加盖公章。

（三）范例

范例一：

尚成股份有限公司2008年利润分配计划

根据中国证监会2000年11月27日《关于上市公司2000年年度报告披露工作有关问题的通知》的要求，本公司计划2008年年度利润分配为：

（一）分配政策

公司2008年年度分配利润3次。

（二）分配比例

公司2008年年度实现净利润用于股份分配的比例为15%～65%；公司上年度未分配利润用于2008年年度股利分配的比例为15%～65%。

（三）分配形式

以现金或送股或两者结合的方式，其中现金分配占股利分配比例的12%～55%。

范例二：

天方实业有限公司利润分配计划书

为了促进各企业关心生产，增强盈利，提高经济效益，做好利润留成再分配，在董事会的指导和大力帮助下，于2008年10月制订了如下计划：

盈余公积金：按税后利润的10%提取，主要用于保证重点项目、改造和扩大生产，也可用于弥补于亏损或用于转增资本金。此外，当盈余公积金已达注册资金50%时可不再提取。

公益金：按照税后利润的5%～8%提取，主要用于企业员工的集体福利设施支出。

一、利润指标的确定和考核

（一）由计划部按各分公司生产能力，结合各类品种的安排，提供年度品种产量。

（二）由财务部根据上年实际利润，计算出各品种利润和全部产品利润总额；并在适当考虑营业外支出的条件下，确定年度利润定额，以此作为奖励基金分配的依据。

（三）利润定额确定后，遇有产品结构变化时，如内销品种改出口或安排新产品，影响利润部分，利润定额予以调查，不让企业受损。总之，按各类品种单位利润计算出的利润定额，主要是解决安排品种时“挑肥拣瘦”的弊病和“苦乐不均”过大的问题，以促使企业充分挖掘内部潜力，增产适销对路的产品和促进节约、扩大盈利。

二、奖金分配办法

此项在利润分配中计入转作资金的利润。各分公司必须完成总公司下达的各项指标（产量、质量、品种、利润等），按每月每人××元返回企业，以保证生产奖的有效。

公司统一计提的奖励基金，减去每月返回企业的数额后，除留少量作为调剂使用外，结余部分根据企业完成利润定额的情况和半年预分、年终算总账的办法，按照超利润的比例，结合员工人数进行分配。即该公司员工人数乘以超利润定额比例，变成分数，以各分公司分数之和，去除公司结余奖励基金，得出每分的分值，再乘以该公司分数，即为该公司应得的奖励基金。计算公式如下：

实现利润 - 调整后利润定额 = 超定额利润

规定额利润调整后利润定额 = 超额率

超额率 × 平均员工人数 = 该公司分数

总公司结合奖励总会∑各分公司分数 = 每分的分值

该分公司分数 × 分值 = 该公司应得奖励基金

三、浮动嘉奖

公司根据上级部门的要求及不同时期不同的工作重点，结合奖励，确定浮动嘉奖条件。例如：为了奖励巩固提高和创新名牌产品，经××部门鉴定，凡漏验率在1%以下，达标率在95%以上，每个名牌产品，增加超额利润率2%，银牌加3%，金牌加4%。

四、经济惩罚

重大事故造成死亡、火灾等，使国家财产遭受重大损失的，扣罚奖金。违反财经纪律问题较严重的，扣罚奖金。扣罚办法，视情节严重程度，由公司董事会研究决定。

天方实业有限公司

2008年10月12日

七、年度财务决算说明书

（一）概述

财务决算说明书是用文字形式对决算报表中的数据资料作分析和说明的文书。它是财务决算的重要组成部分，它能使有关部门较详细地了解财务决算单位财务活动的整体情况，并对一些关键问题进行重点分析和建议，最终为本单位领导提供某些决策依据。

（二）写作内容

年度财务决算说明书应包括以下几部分的内容：

1. 企业生产经营状况说明

经营产值计划完成情况分析；新产品、新技术、新工艺开发及投入等情况的分析说明；需要披露的其他生产经营情况等。

2. 资金增减和周转情况说明

企业资产增减变动情况；尚未收回款项情况；负债增减变动情况；通过企业的流动比率、速动比率和资产负债率分析，说明企业偿还债务的能力和财务风险状况；企业对子公司的投资情况等。

3. 利润实现及分配状况，企业亏损情况说明

主营业务收入的同比增减额及其主要影响因素分析；其他业务收支情况；期间费用同比增减情况；本年度完成利润计划的情况；本年度企业利润分布情况。

4. 重大事项说明

对企业财务状况、经营成果和现金流量有重大影响的其他事项。

（三）范例

范例一：

尚成集团商业局财务决算分析报告

尚成集团董事会：

2008 年，我集团所属企业在改革开放力度加大，全国经济持续稳定发展的形势下。坚持以提高效益为中心，以搞活经济、强化管理为重点，深化企业内部改革，深入挖潜，调整经营结构，扩大经营规模，进一步完善了企业内部经营机制，努力开拓，奋力进取。销售收入实现 2 540 万元，比去年增加 30% 以上，并在取得较好经济效益的同时，取得了较好的社会效益。

（一）主要经济指标完成情况。

本年度商品销售收入为 1 200 万元，比上年增加 800 万元。其中，商品流通企业销售实现 320 万元，比上年增加 5.5%；商办工业产品销售 80 万元，比上年减少 10%；其他企业营业收入实现 140 万元，比上年增加 43%。全年毛利率达到 14.32%，比上年提高 0.52%。费用水平本年实际为 7.7%，比上年升高 0.63%。全年实现利润 380 万元，比上年增长 4.68%。其中，商业企业利润 270 万元，比上年增长 12.5%；商办工业利润 230 万元，比上年下降 28.87%。销售利润率本年为 4.83%，比上年下降 0.05%。其中，商业企业为 4.81%，上升 0.3%。全部流动资金周转天数为 128 天，比上年的 110 天慢了 18 天。其中，商业企业周转天数为 60 天，比上年的 53 天慢了 7 天。

（二）主要财务情况分析。

1. 销售收入情况。

通过强化竞争意识，调整经营结构，增设经营网点，扩大销售范围，促进了销售收入的提高。如晨曦百货商店销售收入比去年增加 296.4 万元；古×五交公司销售收入比上年增加 396.2 万元。

2. 费用水平情况。

全集团商业的流通费用总额比上年增加 144.8 万元，费用水平上升 0.82%。其中：①运杂费增加 13.1 万元；②保管费增加 4.5 万元；③工资总额增加 3.1 万元；④福利费增加 6.7 万元；⑤房屋租赁费增加 50.2 万元；⑥低值易耗品摊销增加 5.2 万元。

从变化因素看，主要是由于政策因素影响：①调整了“三资”、“一金”比例，使费用绝对值增加了12.8万元；②调整了房屋租赁价格，使费用增加了50.2万元；③企业普调工资，使费用相对增加80.9万元。扣除这三种因素影响，本期费用绝对额为905.6万元，比上年相对减少10.2万元。费用水平为6.7%，比上年下降0.4%。

3. 资金运用情况。

年末，全部资金占用额为88万元，比上年增加28.7%。其中：商业资金占用额46万元，占全部流动资金的55%，比上年下降6.87%。结算资金占用额为42万元，占31.8%，比上年上升了8.65%。其中：应收货款和其他应收款比上年增加548.1万元。从资金占用情况分析，各项资金占用比例严重不合理，应继续加强“三角债”的清理工作。

4. 利润情况。

企业利润比上年增加43.2万元，主要因素是：

(1) 增加因素：①由于销售收入比上年增加804.3万元，利润增加了41.8万元；②由于毛利率比上年增加0.52%，利润增加80万元；③由于其他各项收入比同期多收43万元，利润增加42.7万元；④由于支出额比上年少支出6.1万元，利润增加6.1万元。

(2) 减少因素：①由于费用水平比上年提高0.82%，利润减少105.6万元；②由于税率比上年上浮0.04%，利润少实现5万元；③由于财产损失比上年多16.8万元，利润减少16.8万元。以上两种因素相抵。本年度利润额多实现43.2万元。

(三) 存在的问题和建议。

1. 资金占用增长过快，结算资金占用比重较大，比例失调。特别是其他应收款和销货应收款大幅度上升，如不及时清理，对企业经济效益将产生很大影响。因此，建议各企业领导要引起重视，应收款较多的单位，要领导带头。抽出专人，成立清收小组，积极回收。也可将奖金、工资同回收货款挂钩，调动回收人员的积极性。同时，要求企业经理要严格控制赊销商品管理，严防新的“三角债”产生。

2. 经营性亏损单位有增无减，亏损额不断增加。全集团企业未弥补亏损额高达××万元，比同期大幅度上升。建议各企业领导要加强对亏损企业的整顿、管理，做好扭亏转盈工作。

3. 各企业程度不同地存在潜亏行为。全集团待摊费用高达80万元，待处理流动资金损失为32万元。建议各企业领导该处理的处理，该核销的核销，以便真实地反映企业经营成果。

尚成集团财会处

2008年12月31日

范例二：

2005年年度财务决算说明

2005年是我国政府利用世行硬贷款和英国赠款开展结核病项目（卫X项目）的第四年，我市结核病防治充分利用政府贷款资金、中央经费、地方配套资金开展结核病预防、治疗工作，全年基本完成了年初预定计划，为我市公共卫生和社会经济的发展做出了一定贡献。

一、本年度项目拨款

1. 本年度中央经费拨付的药品款，计4.743元，本年完成比例118.58%；累计完成18 181元，累计完成比例50.50%。

2. 收到本市财政局拨付的配套资金13 000元，本年完成比例108.33%；累计完成56 000元，累计完成比例58.33%。

截止2005年年底，自项目开展以来，共收到项目拨款74 181元，本年完成104.37%；累计完成56.20%。

二、项目借款

本年度通过1次债务分割，项目投资借款期末数为17 905元，其中购置电脑一台12 700元，X光胶片2 100元；其余为药品款3 105元。

本年完成101.11%，累计完成15.68%。

三、资金占用（其他）

截止2005年年底，货币资金余额5 623元，库存药品7 575元。

四、项目支出

累计支出78 728元，其中，药品支出17 437元；在建工程61 291元（其中培训费12 622元），累计完成比例31.97%。

本年发生支出14 612元，具体明细如下：

1. 药品消耗3 053元。

2. 国内培训2 950元。

3. 用于督导、差旅费、办公费8 609元。

五、往来款项

截止2005年年底，应付款余额借方220元。

根据2005年财务核算，表明能够做到合理运用资金，地方配套款及时到位，上级拨付药品及时运用到结核病防治工作中，充分开展了结核病防治工作。

×××市结核病防治所

2006年3月3日

八、财务情况说明书

（一）概述

财务情况说明书是对企业一定会计期间内生产经营、资金周转和利润实现及分配等情况的综合性说明，是财务会计报告的重要组成部分。它全面扼要地提供企业和其他单位生产经营、财务活动情况，分析总结经营业绩和存在的不足，是财务会计报告使用者了解和考核有关单位生产经营和业务活动开展情况的重要资料。

（二）写作格式

1. 标题

标题通常由企业名称、年度及财务情况说明书组成。

2. 正文

正文通常包括以下内容：

（1）企业生产经营的基本情况。

（2）利润实现和分配情况。

（3）资金增减和周转情况。

（4）对企业财务状况、经营成果和现金流量有重大影响的其他事项。

3．**落款**

（1）编制说明书的企业名称及部门。

（2）编制说明书的日期。

（三）范例

公司年度财务情况说明书

各位纳税人：

根据2008年年度居民企业所得税汇算清缴工作要求，企业在办理2008年年度企业所得税汇算清缴时，除按规定报送有关报表及其附表外，应报送财务情况说明书，从近期收到的企业所得税汇算资料情况看，大部分企业不知如何编写财务情况说明书，现笔者根据2000年6月21日中华人民共和国国务院令第287号《企业财务会计报告条件》第七条、第十五条之规定，并结合参考其他相关资料的基础上，提出编写《2008年年度财务情况说明书》之〈草本〉，供广大纳税人参考。

A公司2008年年度财务情况说明书

一、企业生产经营的基本情况。

（一）企业主营业务范围（实际经营业务）和附属其他业务，企业从业人员、职工数量和专业素质的情况。

（二）2008年年度生产经营情况：

1．主要产品的产量、业务营业量、销售量（出口额、进口额）及同比增减量。

2．经营环境变化对企业生产销售（经营）的影响。

3．营业范围的调整情况。

4．新产品、新技术、新工艺开发及投入情况。

（三）对企业业务有影响的知识产权的有关情况。

（四）开发、在建项目的预期进度及工程竣工决算情况。

（五）经营中出现的问题与困难，以及需要披露的其他业务情况与事项等。

二、利润实现、分配情况。

（一）主营业务收入变动情况：

1. 主营业务收入同比增减额。

2. 主营业务收入增减影响因素，包括销售量、销售价格、销售结构变动和新产品销售，以及影响销售量的滞销产品种类、库存数量等。

（二）成本费用变动的主要因素：

原材料费用、能源费用、工资性支出、借款利率调整对利润增减的影响。

（三）其他业务收入、支出的增减变化。

（四）同比影响其他收益的主要事项：

1. 投资收益，特别是长期投资损失的金额及原因。

2. 补贴收入各款项来源、金额，以及扣除补贴收入的利润情况。

3. 影响营业外收支的主要事项、金额。

（五）利润分配情况。

（六）利润表中的项目，如两个期间的数据变动幅度达30%（含30%）以上，且占报告期利润总额10%（含10%）以上的，应明确说明原因。

（七）税收调整对净利润的影响，包括有关税种和税率调整、享受各税优惠政策退税返还数额等。

（八）会计政策、会计估计变更对利润总额的影响数额。

（九）关联企业盈亏企业户数、亏损面、亏损总额及其同比增减额。

三、资金增减和周转情况。

（一）各项资产所占比重：

1. 各项资产所占比重。

2. 应收账款、其他应收款、存货、长期投资等变化是否正常，增减原因。

3. 长期投资占所有者权益的比率及同比增减情况、原因，购买和处置子公司及其他营业单位的情况。

（二）不良资产情况：

1. 待处理财产损溢主要内容及其处理情况。

2. 潜亏挂账（含政策性原因挂账和其他历史潜亏挂账）内容及原因。

3. 按账龄分析三年以上的应收账款和其他应收款未收回原因及坏账处理办法。

4. 长期积压商品物资、不良长期投资等产生的原因及影响。

5. 不良资产比率。

（三）负债情况：

1. 流动负债与长期负债的比重。

2. 长期借款、短期借款、应付账款、其他应付款同比增减金额及原因。

3. 企业偿还债务的能力和财务风险状况。

4. 三年以上的应付账款和其他应付款金额、主要债权人及未付原因。

5. 逾期借款本金和未还利息情况。

（四）企业债务重组事项及对本期损益的影响。

（五）资产、负债、所有者权益项目中，如两个期间的数据变动幅度达30%（含30%）以上，且占报表日资产总额5%（含5%）以上的，应明确说明原因。

（六）所有者权益（或股东权益）增减变动：

1. 会计处理追溯调整影响年初所有者权益（或股东权益）的变动情况，并应具体说明增减差额及原因。

2. 所有者权益（或股东权益）本年初与上年末因其他原因变动情况，并应具体说明增减差额及原因。

四、对企业财务状况、经营成果和现金流量有重大影响的其他事项。

五、针对本年度企业经营管理中存在的问题，新年度拟采取的改进管理和提高经营业绩的具体措施，以及业务发展计划。

企业名称（盖章）
年　月　日

九、年度财务报告

（一）概述

年度财务报告是对本期内生产经营情况简单的回顾与展望，对取得的主要成绩，特别是财务收支、利润及收益分配进行报告的一种文体。

（二）写作格式

年度财务报告的写作主要由标题、正文和落款三部分组成。

1. 标题

标明公司名称及时期。

2. **正文**

正文首先要重要提示，交代有关重大事项。正文的内容一般包括：财务报告；经营情况的回顾和展望；重大文件；股本变动和股权结构的变化；临时股东大会和备查文件等。

3. **落款**

落款应写出署名和报告的日期。

（三）范例

华南电子（集团）股份有限公司
1998年年度会计报告

一、年度业绩摘要

华南电子（集团）股份有限公司董事局谨将中华会计师事务所审计之本集团1998年年度（自1998年1月1日至1998年12月31日止）经营业绩报告表述如下表：

（单位：元）

项　　目	1998年	1997年
销售收入	1 212 761 249. 86	1 086 490 675. 08
利润总额	100 784 056. 89	76 382 899. 88
减：所得税	10 189 966. 33	7 642 766. 03
税后利润	90 594 090. 56	68 740 133. 85
每股税后盈利	0. 652	0. 49

附件：

1. 每股税后盈利按总股本13 886. 9万元计算。

2. 详细财务资料参见中华会计师事务所已审定本集团1998年年度会计报表。

二、年度股利

根据本集团公司章程的规定，为充分顾及股东权益和支持公司发展，本集团董事局建议对1998年度税后利润×××元及1997年8月至12月份滚存之税后利润人民币32 202 174.59元，共计人民币122 796 266.15元作出利润分配及分红派息如下：

1. 税后利润分配比例金额：

公益金10%　计　人民币12 279 626.61元

公积金40%　计　人民币49 118 506.46元

分红基金5%　计　人民币6 139 813.3元

2. 分红派息方案。

本董事局建议1998年连同1997年可分配利润共每股0.442元，分别以现金和送红股的方式派付，其中：

（1）每股拟派现金0.09元，共派现金12 498 210元。

（2）每股拟送红股0.36元（即每10股送3.6股，共派红股48 604 150股）。

此外，未分配利润295 773.08元，拟留待下次分红时一并分派。

此方案经本届股东大会审议通过，报主管机关批准执行。

三、业务回顾

1. 主要工作。

1998年，本集团在广大股东的支持和董事局的领导下，充分利用股份制改造和股票上市的契机，围绕规范管理，备战“入关”，改善品质开拓市场，提高经济效益等方面，积极开展各项工作。

（1）严格按照国际惯例完成了股份化改造和股票发行，年初本公司A、B股同时在深圳证券交易所上市交易。

（2）在资产评估、分割的基础上，本集团已将技术开发中心、模具厂、塑胶厂、通讯设备厂等分立为独立核算、自主经营、享有中外合资企业待遇和法人地位的子公司。在哈尔滨、北京、武汉、长沙、重庆等重点城市建立了全资附属的经营销售部，并积极筹建东莞凤岗镇、牡丹江市等加工出口基地，使集团化扩张取得了实质性进展。

（3）为发展规模经济，本集体投资兴建八层计4.3万平方米的主业大厦竣工启用，使厂房面积增加1倍，在此基础上，1998年先后投资4.196万元人民币，引进更新生产线等国外先进仪器设备452台（套），现已有6条电视机装配生产线和塑胶厂、模具厂迁毕投产，使用电视机设计年产能力扩大到175万台，综合年产能力提高约40%。

(4) 坚持“增畅限期平压滞”的产品发展原则，彩电致力于大屏幕、多功能、多制式、丽音线路新产品开发生产。传真机于1998年8月在全国首家通过部级生产定型鉴定，成为我国具备生产传真机能力的标志，一年来，本集团共生产新品、新款式94万台，创历史最高纪录，产品出口114万台，占总产量的81.6%。

(5) 为提高产品质量，拓展海内外市场，本集团全面推行了以ISO9000国际质量标准体系为中心的现代管理。1998年产品整机合格率提高到94.5%，同时，在全国开辟了几十个新市场，采取“深港买单，异地提货，代办托运”的全新服务，有效地扩大了公司产品的市场占有率。

(6) 积极稳健地涉足房地产开发和第三产业，在广州市郊签署了合作开发度假村的合同。

此外，本集团大力加强企业文化建设，各项工作取得了可喜成绩，得到社会各界的广泛赞誉，一年来，共获得“国际领先企业奖”、“全国十大最佳合资企业”、“深圳市经济效益十佳企业”等荣誉达80多项。

2. 投股资金运用情况。

1998年年初，本集团首次发行A、B股共4 015万股，扣减发行费用后溢价净收入人民币15 500万元，经上届股东大会批准，本集团按照招股说明书所载之用款计划，已将全部股金审慎使用，其中：

(1) 兴建工业大厦人民币6 100万元。

(2) 还中国农业银行、中国建设银行、中国工商银行流动资金贷款人民币4 000万元。

(3) 投资营销分公司人民币370万元。

(4) 筹建分厂人民币324万元。

(5) 更新和增添生产、检测仪器设备人民币4 196万元。

(6) 补充生产流动资金人民币510万元。

四、主要股东变动情况

根据深圳证券登记有限公司提供的资料，截至1998年12月31日，持本集团股票前10名股东之情形见下表。

股　东　名　称	持股数（万股）	占总股比例（%）
1. 深圳特区华侨城经济发展总公司	5 034.67	36.26
2. 香港港华电子集团有限公司	4 837.23	34.83
3. TRUST（FAREAST）LTD. GT SHENZHEN AND CH	164.20	1.18
4. BARCLAY TRUST INTERNATIONAL LIMTTED	68.80	0.49
5. EVER CROWN INDUSTRIAL LTI.	63.40	0.46
6. BERMUDA TRUST（FE）LTD – EMERGING CHINA EQUTTLES	58.60	0.46
7. BANQUE INT L A LUXEMBOURG A/C ASIA DEY. EQUTTY FD	37.00	0.27
8. 上海万国证券公司	33.40	0.24
9. MORGAN STANLEY TRUST CO.	30.00	0.22
10. TVORY SIME ADLA LTD. A/C NE W FRONTTER DEVE, TRUST	25.00	0.18
合　计	10325.30	74.59

此外，本集团董事局高层管理者持有公司股的情况无变化。

五、重要事项

1. 1998年12月，本集团与×××电视机厂签订了在×××市合资兴办×××华南实业有限公司的合同，该公司注册资金人民币3 000万元，本集团占股份60%，需投资人民币1 800万元，×××电视机厂占股份40%。

2. 在广东东莞市购置用地4.1万平方米，已付订金人民币46万元，计划投资兴建集工技贸为一体的南方电子城，1998年9月，本集团已租用厂房，安装8条插件生产线并正式投产，目前已有近800名员工边生产边接受培训。

3. 新建技术开发中心通讯设备厂、精密模厂、塑胶厂、华南电子（集团）股份有限公司分厂等5家全资下属企业。

六、盈利预测说明

1. 本集团经中国注册会计师事务所签订的1998年盈利预测计划，税后利润为7 650万元人民币，截止到1998年12月31日实际完成税后利润90 594 091.56元人民币，超额完成计划18.42%，每股盈利从计划的0.551元人民币提高到0.652元人民币。

2. 本集团20××年盈利预测是中华会计师事务所根据本集团1998年年度会计报表结合本集团1998年年度经营业务发展计划并根据有关法律和制度编制而成的。其中，将完成销售收入165 870万元人民币，利润总额12 500万元人民币，税后利润（已扣少数股东权益）12 150万元人民币。如无意外情况发生，本董事局对实现20××年预测利润目标充满信心，并力争更上一层楼。

七、展望

1999年，本集团即将面临"入关"后随国内外市场激烈竞争的挑战，但董事局坚信，华南电子公司作为产品年均85%以上出口的外向型企业，"入关"显然利大于弊。集团公司上下仍将保持清醒的头脑，以自信和超前应战的精神，把握好"入关"的历史性发展机遇，充分发挥传统的电子产品制造的优势，坚持以市场为导向、以科技为依托，不断巩固和拓宽产品内外销售渠道，努力提高市场占有率和经济效益；加快产品结构性调整，大力开发技术含量高、附加值大的功能彩电及传真机等新产品；进一步扩大规模经济，1999年计划完成工业总产值15亿元人民币，整机总产量178万台；要抓紧×××厂首期基建施工，为近一两年内忙上项目、上规模、上效益创造条件，继续全力推行ISO9000国际质量标准体系，确保今年上半年夺取进军国际市场的"国际通行证"，促进外向型经济向纵深发展；坚持一业为主、多种经营的方针，抓住有利时机加快突破行业、突破区域的多元化发展步伐，当前，要加快开发广州市郊县度假村的进度。把本公司办成总部设在深圳、外向型、跨领域、多门类、具有规模经济的竞争性企业集团。

借此机会，本集团董事局对全体员工一年来之辛勤工作及全体股东和政府、社会各界的信赖与支持深表谢忱。

华南电子（集团）股份有限公司董事局

中国深圳

1999年3月31日

十、中期财务报告

（一）概述

中期财务报告是股票上市的股份公司（简称上市公司）于每一会计年度的前6个月后的60天内向公众公布的一种专门文件。

（二）写作格式

（1）标题

上市公司中期财务报告的标题写法常见的模式是：“××股份有限公司＋年度＋文种（中期业绩报告）”，如《深圳市××股份有限公司19××年中期业绩报告》等。

（2）首部

首部通常是证交所的声明，它有固定的格式，例如，写成“××证券交易所声明”，用来明示：“本所对《××股份有限公司××年度中期业绩报告》公告内容概不负责，对其准确性、完整性亦不发表任何评价，并表示不对因该资料全部内容产生的或因依赖该资料而引致的任何损失承担任何责任。”

（3）正文

正文通常包括以下内容：

①财务情况：资产负债表、损益表、股东权益变化、各项数字与上年同期比较、会计师事务所须声明的意见。

②业务回顾：对公司各项业务的进展情况作简要概括，主要以地域性分析和行业性分析为主。

③重大事项说明，并将有关重大合同的内容摘要刊出。

④前景预测（会计师事务所意见）。

⑤董事、监事、经理以及持股1%以上的大股东持有本公司证券及拥有的权益变化情况。

⑥董事会的有关决议。

（4）落款

落款通常包括以下内容：

①署名，多署董事长姓名；

②日期，以报纸、杂志的出版日期为准。

（三）范例

××股份有限公司20××年中期财务报告

××证券交易所声明：本所对××股份有限公司20××年度中期报告公告内容概不负责，对其准确性、完整性亦不发表任何评论，并表示不对因该资料全部内容产生的或因依赖该资料而导致的任何损失承担任何责任。

一、中期业绩

××股份有限公司（下称本公司）董事会谨将业经深圳××会计师事务所审计的本公司20××年度中期主要经营业绩向各位股东报告如下：

	20××年1~6月	20××年1~6月
税前利润	××××万元	××××万元
税后利润	××××万元	××××万元
每股税前盈利	×元	×元
每股税后盈利	×元	×元

注：截至20××年6月30日，本公司实收股本为2 531.132万元。

二、中期股利

依据本公司第八次股东大会和董事会决议，20××年中期分红派息。这次派息分20××年下半年与20××年上半年两部分。20××年下半年提取分红基金××××万元。20××年上半年税后利润××××万元，上缴能源交通和预算调节基金×××万元后，分别按35%、10%、55%提取公积金×××万元、分红基金×××万元。两部分共提分红基金××××万元。现经中国人民银行××分行第××号文批准中期股息按股东持有股份每10股派发4股，另每股派发现金股息×元，派发红股总数为××××万股，派发后总股数为××××万股，计总股本为××××万元，本公司股东资格以20××年×月×日（星期五）下午3时30分以××证券登记有限公司记录资料为准。

三、业务回顾

今年上半年××大厦、××市场全面开工。××大厦总建筑面积为×万平方米，计划在20××年内完成主体结构。××市场总建筑面积××××平方米，上半年已完成挖孔桩、基础短桩等工程量，土体结构正抓紧进行，至年底可全部竣工。续建工程××园，上半年竣工面积×万平方米，除部分道路、绿化工程外，至6月底已全部竣工。

全年计划开工面积××万平方米，计划竣工面积×万平方米，上半年分别完成了×万平方米和×万平方米，各占年计划的40.34%和89.3%。

全年计划投资规模为×××××万元，上半年实际投入××××万元，占全年计划的35.33%。大部分新上项目安排在下半年开工，所以，投资集中在下半年。

全年计划实现销售收入×××××万元，上半年实际完成××××万元，约占全年计划的25%。上半年销售收入主要来××园和××商住楼，新开工的××大厦、××市场等项目未预提利润。

四、主要股东权益变化情况

截至20××年6月30日，持股占本公司股份1%以上的股东及其权益如下：

股东名称	持股数（万股）
深圳市××（集团）公司	×××
深圳市××房地产开发公司	×××
深圳市××机构动力公司	××
××××	××
深圳市××企业股份有限公司	×××

以上股东共持有股份×××万股，占本公司总股份××××万股的39.4%。

本公司董事会、监事会和总经理室成员及其持有的本公司股份自认购之日起尚无变化。

五、重大事项说明

与××房地产公司合作投标××××地块，独资兴办×××发展公司，在××市投资入股成立×××北海股份有限公司，签订了从事较大规模房地产开发经营的重大合同，有关内容摘要，详见附录（略）。

六、关于溢利预测的说明

本公司上半年完成税后利润××××万元，占全年税后溢利预测的36.93%。下半年将推出××大厦商品房预售，预测预售收入可达××××万元以上。本公司董事会对超额完成全年计划充满信心。

七、下半年计划

××××商住楼开发区建筑面积18 564平方米，总投资×××××万元。下半年完成规划和前期准备工作，力争明年初全面开发。

××大厦建筑面积×万平方米，总投资××××万元，6月底已完成地下三层，年底力争完成15层。

××大厦建筑面积×万平方米，总投资×××××万元，计划年底全面开工，力争20××年竣工。

在××地区已购得一块土地，计×万平方米。为加快在××地区的开发和拓展，董事会决定，成立×××发展公司，预期资助有较好发展前景。

××地区近来引起了海内外投资者的极大关注。我公司已与该市有关单位合作成立×××股份有限公司，独立注册，以利在××市开展业务。

以上项目和计划，已通过可行性论证和有关方面认可，预计全部完成或实施后利润及税收都将有较大增长。

本报告系本公司董事会发布的第9次中期报告。借此机会，董事会对全体股东之信赖，对本公司全体员工之忠诚服务，对政府和社会各界之支持，深表谢忱。

××股份有限公司

董事长：×××

20××年×月×日

十一、验资报告

（一）概述

验资报告是指注册会计师根据《中国注册会计师审计准则第1602号—验资》

的规定，在实施审验工作的基础上对被审验单位的股东（投资者、合伙人、主管部门等）出资情况发表审验意见的书面文件。

（二）写作格式

1．标题

验资报告的标题应当统一规范为“验资报告”。

2．正文

正文通常包括以下几方面的内容：

（1）收件人。

（2）范围段。

（3）意见段。

（4）说明段。

（5）附件。

3．落款

（1）注册会计师的签名和盖章。

（2）会计师事务所的名称、地址及盖章。

（3）报告日期。

（三）范例

验　资　报　告

（200×）普洋验资×××号

北京×××有限公司（筹）

全体股东：

我们接受委托，审验了贵公司（筹）截至200×年××月××日止申请设立登记的注册资本实收情况。按照国家相关法律，法规的规定和协议、章程的要求出资，提供真实、合法、完整的验资资料，保护资产的安全、完整是全体股东及贵公司（筹）的责任。我们的责任是对贵公司（筹）注册资本的实收情况发表审验意见。我们的审验是依据《独立审计实务公告第1号——验资》进行的。在审验过程中，我们结合贵公司（筹）的实际情况，实施了检查等必要的审验程序。

根据有关协议，章程的规定，贵公司（筹）申请登记的注册资本为人民币×××．××元，由××公司（以下简称甲方），×××（以下简称乙方），×××（以下简称丙方），×××（以下简称丁方），×××（以下简称戊方）于200×年××月××日之前缴足。经我们审验截至200×年××月××日止，贵公司（筹）已收到全体股东缴纳的注册资本合计人民币×××元整。其中以货币出资××××元，实物出资××××元，无形资产出资××××元。

本验资报告供贵公司（筹）申请设立登记及据以向全体股东签发出资证明时使用，不应将其视为是对贵公司（筹）验资报告日后资本保全、偿债能力和持续经营能力等的保证。因使用不当造成的后果，与执行本验资业务的注册会计师及会计师事务所无关。

附件：

1. 验资事项说明。
2. 注册资本实收情况明细表。

北京普洋会计师事务所
中国注册会计师：×××
地址：中国北京
中国注册会计师：×××
200×年××月××日

附件1　　　　验资事项说明

一、组建及审批情况

贵公司（筹）经（审批部门）以×字×号文件批准，由甲方、乙方共同出资组建，于×年×月×日取得（企业登记机关）核发的××号《企业名称预先核准通知书》，正在申请办理设立登记。

二、申请的注册资本及出资规定

根据经批准的协议、章程的规定，贵公司（筹）申请登记的注册资本为人民币××元，由全体股东于×年×月×日之前缴足。其中：甲方应出资人民币×元，占注册资本的×%，出资方式为货币××元，实物×元，知识产权×元；乙方应出资人民币×元，占注册资本的×%，出资方式为货币。

三、审验结果

截至×年×月×日止，贵公司（筹）已收到甲方、乙方缴纳的注册资本合计人民币××元。

（一）甲方缴纳人民币××元。其中：×年×月×日缴存××银行（币种）账户××××账号××元；×年×月×日投入房屋（名称、数量等），评估价值为××元，全体股东为××元，全体股东确认的价值为××元；×年×月×日投入专利权（具体名称、有效状况），评估价值为××元，全体股东确认的价值为××元。

××资产评估有限公司对甲方出资的房屋、专利权进行了评估，并出具了（文号）资产评估报告。

（二）乙方缴纳人民币××元。其中：×年×月×日缴存××银行（币种）账户××××账号××元。

截至×年×月×日止，贵公司（筹）已收到甲方、乙方缴纳的注册资本合计人民币××元，本所予以确认。

四、其他事项

（略）

附件2　　注册资本实收情况明细表

截至200×年××月××日止

拟设立公司名称：北京××有限公司　　　　货币单位：人民币万元

股东名称	认缴注册资本		实际出资情况					
	金额	比例	货币	实物	无形资产	合计	其中：实缴注册资本	
							金额	占注册资本比例

续表

股东名称	认缴注册资本		实际出资情况					
	金额	比例	货币	实物	无形资产	合计	其中：实缴注册资本	
							金额	占注册资本比例

××有限公司

十二、企业清算报告

（一）概述

企业清算报告是指清算组织完成清算后提出的对申请注销登记单位的资产、负债情况进行全面计算后提出的书面报告。

（二）写作格式

1. 标题

标题一般由公司名称和文种（清算报告）组成。

2. 正文

正文通常包括以下内容：

（1）公司登记情况。

（2）成立清算组并备案。

（3）通知和公告债权人情况。

（4）公司资产负债情况。

（5）公司财产状况。

（6）公司债权债务情况。

（7）债务清偿顺序。

3. **落款**

（1）清算组成员签章。

（2）公司清算组盖章。

（3）全体股东签章。

（4）公司盖章。

（5）制发清算报告日期。

（三）范例

×××公司清算报告

根据《公司法》及公司《章程》的有关规定，我×××公司已经×年×月×日召开的股东会决议解散，并成立公司清算组于×年×月×日开始对公司进行清算。现将公司清算情况报告如下。

一、公司登记情况，包括公司名称：×××；公司类型：×××；法定代表人：×××；住所：×××；成立时间：×年×月×日；注册资本：×××；股东姓名（名称）：×××；股东出资额：×××；出资比例×××。

二、公司清算组已于×年×月×日向公司登记机关备案，并取得《备案通知书》（文号×）。清算组成员由股东×××、×××、×××等人组成，由×××担任清算组负责人。

三、通知和公告债权人情况。公司清算组于×年×月×日通知公司债权人申报债权，并于×××在×××报公告公司债权人申报债权。

四、截止×年×月×日，公司资产总额为×××元，其中，净资产为×××元，负债总额为×××元。附《资产负债表》。

五、公司财产状况。附《财产清单》，《财产清单》内容包括财产的名称、数量、价值等。

六、公司债权债务状况。

七、公司资产总额为×××元，并按以下顺序进行清偿：

1. 清算费用：×××元。

2. 所欠职工工资、社会保险费用和法定补偿金：×××元。

3. 税款：×××元。

4. 债务：×××元。

5. 剩余财产按股东出资比例分配：××××××元。

截止×年×月×日，公司债权债务已清算完毕，剩余财产已分配完毕，实收资本为零。

清算组成员签字盖章：

×××公司清算组

经全体股东审查确认，一致通过该清算报告。

全体股东签字盖章：

×××公司（盖章）

×年×月×日

第三章

企业审计文书

一、企业内部审计计划书

（一）概述

内部审计计划书对一定时期内企业内部审计的目标、内容、方式、实施时间、组织措施的作出计划的文书。

内部审计计划书是企业内部审计人员根据上级相关的指令安排并结合本单位的实际情况而制定的。

（二）写作格式与要求

1. 写作格式

审计计划书一般采用表格的形式，包括标题和表格两部分。

（1）标题。

标题包括审计时间和文种。

（2）表格。

表格一般包括审计项目、执行人、索引号、备注四列。

审计项目一列中要将计划审计的财会项目一一写出。

2. 写作要点

审计计划书的写作要注意以下三点：

（1）内部审计项目要全面。

（2）审计工作计划应具体明确，不可笼统写出。

（3）审计计划书对具体的审计工作应具有指导性。

（三）范例

2007年审计计划

审计项目	执行人	索引号	备注
一、评审会计报表的内控制度 1. 调查了解并描述报表编制的内控制度。 （1）调查了解会计报表编制的岗位责任控制情况，看各环节的工作质量要求是否明确，各岗位的职责范围是否明确，各岗位之间的制约和配合关系是否协调。 （2）调查了解会计报表编制程序控制情况。主要了解有无制定结账日程表和结账程序，结账质量的控制情况；了解企业的对账制度，看有无定期地进行账证、账账、账表的核对；了解企业的试算平衡控制情况，向企业索取“总分类账户本期发生额及余额试算平衡表”和“明细分类账户本期发生额及余额明细表”，并与有关账户进行核对，检查其试算平衡工作的正确性。 （3）调查了解内部会计稽核控制。主要调查了解企业有无对报表编制的审核和检查制度。 2. 审阅有关表、账或进行实地观察、验证企业设计的报表编制程序的执行情况。 （1）通过查询或实地观察，了解报表编制各环节责任制的落实和遵守情况，评价各环节运行是否合理，各项控制制度是否得到了有效的执行。			

续表

审　计　项　目	执行人	索引号	备　注
（2）运用抽查法检查报表编制的准备工作是否充分有效。重点检查结账、对账、试算平衡和财产清查的工作质量。 （3）抽查部分报表，初步审查报表编制工作质量，以了解会计人员对报表编制原理和编制技术的掌握情况。 3. 对财务报表内控制度进行评价。 二、审查财务报表编制的正确性 1. 审查资产负债表编制的正确性。 三、审查会计原则的遵守情况（略） 1. 索取会计政策说明。 2. 抽查与会计政策有关业务的会计处理，以及会计原则的遵守情况。			

二、企业项目审计计划书

（一）概述

项目审计工作计划是针对某项目进行审计的行动大纲，撰写后要请公司领导审阅并批准实施。

（二）写作格式

项目审计工作计划由标题、正文和结尾三部分组成。

1. 标题

写明项目审计计划，并在标题下方标明发文时间和单文。

2. **正文**

项目审计计划书可采用条文的形式，也可以采用表格的形式。

其内容要包括项目名称、公司领导审批意见、被审单位、审计目标、审计范围、审计主要内容、审计方式、审计人员、审计时间。

3. **结尾**

写明审计项目的负责人，计划的制订人，有时还应写明抄报、抄送单位名称，如有附件，要写附件名称。

（三）范例

范例一：

项目审计作业计划

2007 年 12 月 1 日　　　　尚成公司（××）审字××号

审计要点	主要要求	审计方案	审计范围	审计时间	审计人员
材料成本发生数额的真实性	审核领料单抽查领料单	抽查领料单	抽查一季度钢材每笔 1 吨以上的领料单	12 月 1 ~ 4 日	张××
计划成本分配数额的正确性	核定材料成本分配单	审阅成本分配单	四五六月份的成本分配单	12 月 4 ~ 10 日	王××
材料余料处理的合理性	核实车间余料数额及处理登记	观察实物，抽查核实退库单	6 月底以上钢材余料数	12 月 10 ~ 14 日	李××
材料价格差异处理的合规性	材料价差分配的正确性	验算材料价差分配单	上半年各月价差分摊数	12 月 14 ~ 20 日	陈××

审计项目负责人：王经理　　　　审计作业制定人：车主任

范例二：

关于开展农村财务审计的计划书

临池镇审计所

近几年随着农村经济的不断发展，农村财务管理出现了一些新情况、新问题，为了切实加强农村财务管理工作，履行审计监督职责，要把审计工作当作农村财务管理工作的突破口来抓，全面开展农村集体财务审计，强化审计监督，克服农村财务管理混乱，巩固和发展农村集体经济，促进农村经济的发展和农村的社会稳定。现根据审计工作安排和要求，结合我镇实际，制定2007年农村财务审计工作计划书。

一、加强农村财务审计工作的重要意义

（略）

二、农村财务审计范围

根据《山东省农村集体经济审计条例》相关规定，此次镇审计所计划对全镇所辖村庄2004年12月至2007年5月的财务收支与资产管理情况进行审计。

三、农村财务审计的主要内容和审计内容的具体化

（略）

四、审计年度和工作进度计划

（一）审计年度范围。

此次农村财务审计的年度范围为2004年12月至2007年5月。

（二）工作进度计划。

全部审计工作计划从2007年6月开始至2007年11月底全部完成。

6～11月底，对所辖村分批次进行具体财务审计工作，认真落实审计方案，形成审计报告和审计结论，并将审计报告和审计结论提交镇党委、镇政府批阅。

五、审计小组成员及职责分工

（略）

六、审计程序

根据审计的一般惯例，制定审计程序如下：

农村财务审计程序

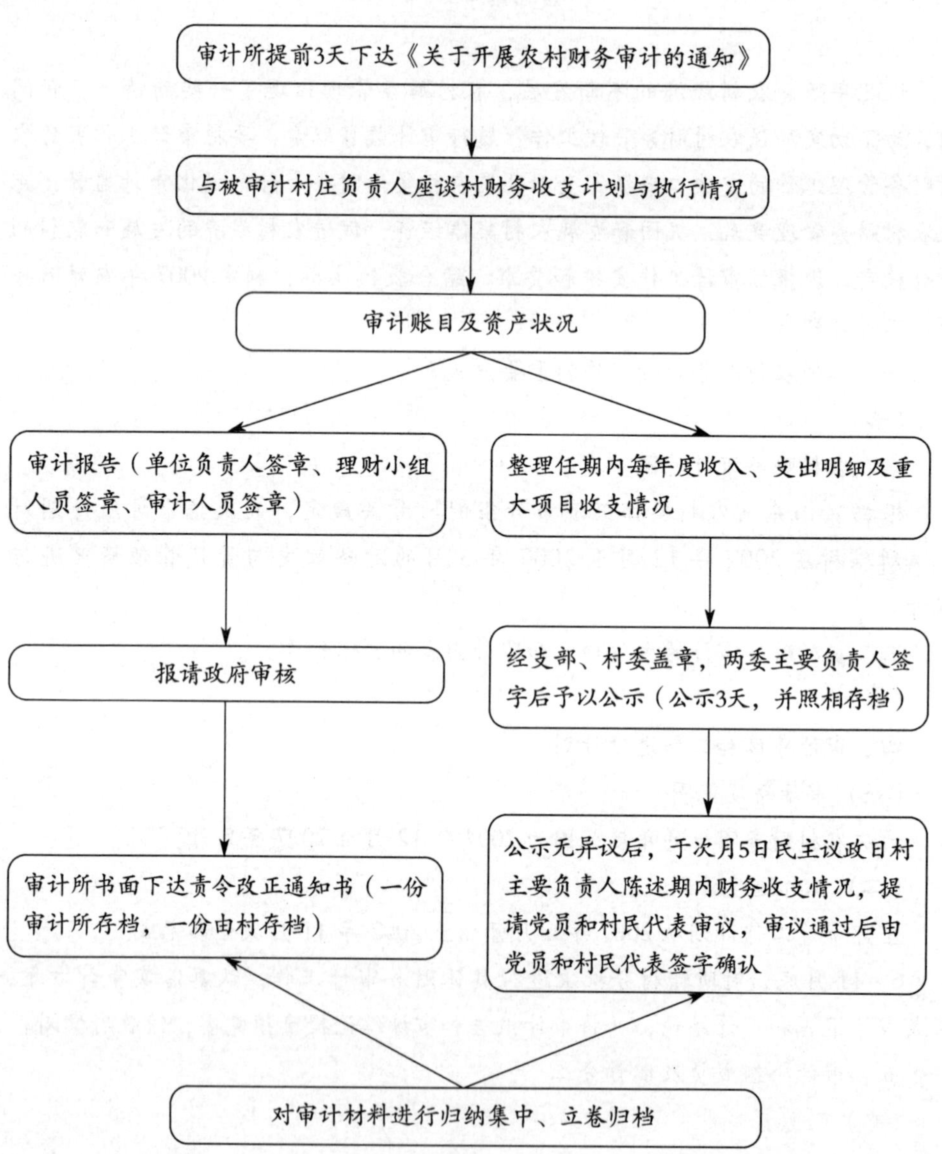

审计所提前3天下达《关于开展农村财务审计的通知》
与被审计村庄负责人座谈村财务收支计划与执行情况
审计账目及资产状况
审计报告（单位负责人签章、理财小组人员签章、审计人员签章）
整理任期内每年度收入、支出明细及重大项目收支情况
报请政府审核
经支部、村委盖章，两委主要负责人签字后予以公示（公示3天，并照相存档）
审计所书面下达责令改正通知书（一份审计所存档，一份由村存档）
公示无异议后，于次月5日民主议政日村主要负责人陈述期内财务收支情况，提请党员和村民代表审议，审议通过后由党员和村民代表签字确认
对审计材料进行归纳集中、立卷归档

三、企业审计通知书

（一）概述

1. 企业审计通知书概念

审计通知书也称审计指令，是内部审计机构根据审计工作方案，向被审计部门或单位发出的书面通知。

2. 企业审计通知书的内容

审计通知书的撰写必须包括以下几点内容：

（1）被审计单位名称。

（2）审计时间。

（3）审计范围和项目。

（4）对被审计单位的要求。

（5）审计组组成人员名单。

（6）发出审计通知书的审计机构名称及公章等。

（二）写作格式

审计通知书的格式一般采用预先印就的固定格式，有的也写成公函形式。

1. 标题

包括发文单位名称、文书名称和文书编号三部分。如“××市审计局审计通知书”。公司内部的审计通知书可将公司名称和编号写在标题下方。

2. 正文

正文一般以条文的形式撰写，在撰写条文前，可写一段引言。例如“根据《中华人民共和国审计条例》第×条的规定‘……’（引用条文），经研究决定对你单位自××××年×月至××××年×月的××情况进行就地审计。请给予积极配合，做好有关资料的准备工作，并提供必要的工作条件。”

公司内部的审计通知书可简单撰写引言，写明审计时间、审计事项、审计对象即可。

3. 落款

包括审计组组成人员名单、职称、审计机关名称、公章、发文时间等内容。审计组组成人员及职称在正文中写明的此处可省略。

（三）范例

范例一：

审计通知书

尚成公司（××××）审字×号

尚成公司一厂：

经公司经理批准，特派审计组来您厂进行就地审计，现将审计有关事宜通知如下。

审计项目：产品成本审计。

审计目标：产品成本的真实性和效益性。

审计内容：2007 年上半年生产费用、成本分配和成本核算的合规性；主要成本项目的成本耗费的效益性。

审计人员：项目负责人为高级审计师张××，组员有中级审计师王××、李××，助理审计师陈××、钱××。

审计时间：2007 年 10 月 20 日至 11 月 10 日。

其他事项：请您厂提供产量核算统计资料和产品成本支出及成本核算的有关资料和情况。

尚成公司审计处（公章）

2007 年 10 月 18 日

范例二：

审计通知书

审通发［ ］号

关于对×××同志进行离任审计的通知

×××：

受××××委托，决定派出审计小组，自××年×月×日起，对你单位×××同志在任×××期间的财务收支及管理、目标责任情况等进行审计。按照经济责任审计规定，请×××同志书面提供任职期间的财务工作报告。请你单位积极配合，提供对×××同志的工作评价、有关的财务资料、管理规定和必要的工作条件。

审计组组长：×××

审计组组员：×××

（审计机构印章）

××年×月×日

四、审 计 报 告

（一） 概述

1. 审计报告的概念

审计报告书，是各级审计机关对本级或下级党政机关及所属企、事业单位的财务收支和经济活动进行审查后，向有关单位报告其经过和结果，并根据事实和法规，提出审计意见，以便有关单位采取有效措施，作出必要的和适当的处理的文件。

审计工作是维护国家经济利益的一种强制性经济监督与管理活动。因此撰写审计报告书是审计工作中的一个重要环节。

2. **审计报告的分类**

按照不同的分类方式可将审计报告分为不同的类型。

按照内容和性质可将审计报告分为财政审计报告、财务审计报告、经济效益审计报告、综合审计报告和专题审计报告等。

按照审计意见类型可将审计报告分为四种不同意见的审计报告。注册会计师根据审计结果和被审计单位对有关问题的处理情况，形成不同的审计意见，出具四种基本类型审计意见的审计报告。

（二）写作格式

审计报告书无固定的撰写格式，一般来说要包含以下几个部分的内容：

1. **标题**

写明审计的对象、内容、文种。

2. **报送单位名称**

审计报告的交办或委办单位。

3. **概况**

在正文前面用一段话简要说明审计对象、审计范围和日期，以及审计方法等。

4. **正文**

正文是审计报告书的主体部分，也是审计报告书的核心，要详细说明被审计事项、事实过程，一般分为审计任务和基本情况两部分来写。

（1）说明审计的任务。

如财经纪律遵守情况的检查，企业成本、利润、资金等财务指标完成情况的核实及评价，营私舞弊嫌疑案的审查等。

（2）写明基本情况。

包括主观情况（如人的思想状况、工作效率、管理方法、领导作风等）及客观情况（如地理位置、资源利用、技术水平等）两个方面的因素。

5. **结论**

写明违反法规的性质、手段和后果，并提出处理意见或建议。

6. **结尾**

一般包括审计主要负责人签名盖章以及编写日期等内容，一般以讨论通过的时间为标准。

（三） 范例

范例一：

财务收支审计报告

尚成有限责任公司全体股东：

我们接受委托，于2007年10月1～15日对贵公司2006年年度财务收支状况进行了审计。现将审计的情况和结果以及处理意见报告如下：

一、2006年年度公司基本情况

公司主要生产农业机械，现固定资产850万元，员工820人。2006年在企业经理层的领导下，经过全体员工的共同努力，各项经济指标都完成得比较好，产值、产量、销售额和利润均有较大的增长。

二、审计出的主要问题

1. 隐瞒销售收入。

为五金企业定制的切割机15台，2006年6月初交货，12日已收到货款，实现销售，共计销售额×万元，货款在应付款账户，未作销售收入处理。

2. 成本费用核算不实。

（1）2006年7月14日购进方钢3根，计504公斤，价值2 040元。7月17日金工车间以制造模具需要，向仓库全部领用，当月一次摊入生产成本。这次我们审计中发现仍堆放在车间，至今没有耗用。

（2）2006年8月5日该厂一台SPM手摇平面磨床已作价调拨给邗吩厂，但该厂直到现在仍照原值4 800元，按综合折旧率8%每月提取折旧，仅上年7个月就虚列折旧费268.8元，增加生产成本，减少了利润。

(3) 按国家会计准则的相关规定，每月大修理基金按月折旧额的30%提取，而2006年10月却按月折旧额40%提取大修理基金，多提×万元。

(4) 2006年4月运输汽车大修理费10万元，按规定应由大修理基金列支，该厂却记入待摊费用账户，当年已摊入成本5万元。

(5) 将应冲减生产成本的出售废料收入4 700元，技工代培费收入5 400元，均转入“其他应付款”账户，实际增加生产成本11 000元。

(6) 按财务制度规定，购置固定资产的运杂费、安装费应由专用基金更新改造基金列支，但贵公司2006年10月11日购入牛刨、冲床各1台，共支付运杂费、安装费1 200元，却在企业管理费中列支。

三、初步结论和处理意见

通过对公司2006年财务收支状况的审计，我们认为企业虽然当年各项主要经济指标（除资金周转天数上升外）完成较好，但企业财务管理不够健全，有的财务制度未能认真执行，违反了财经纪律。

我们对公司在财务收支中存在的问题提出如下处理意见：

1. 隐瞒销售收入4万元，应调整账面，增加当年销售收入，增加利润6 000元，补缴产品税、所得税、调节税。

2. 已领未用方钢、虚列折旧费、多提大修理基金以及汽车大修理费已摊入成本部分，都应从生产成本中转出，增加利润2万元，按照财务会计制度规定，分别调整有关账户。

3. 出售废抖收入和培训费收入，应从其他应付款转出，冲减生产成本，增加利润1万元。

4. 购置固定资产的运杂费、安装费应由更新改造基金列支，冲减企业管理费，增加利润4 500元。

以上各项共计增加利润40 500元，应在2007年年度财务决算中按照上面的处理意见做好调整账户工作，正确结算当年利润，补交所得税7 000元，调节税3 000元。留利部分应缴纳能源基金。隐瞒销售收入同时补缴产品税650元。

以上报告，请审批。

审计组组长（或主审）张××
审计人员陈××
2007年10月16日

范例二：

关于对长江机械厂产品成本的审计报告

总经理：

根据总公司2006年内审项目计划的安排，我处张××、陈××、李××等三人组成审计小组，于11月20～30日，对公司直属长江机械厂1～10月份的产品成本进行了审计。现将审计结果报告如下：

1. 产品成本计划完成情况。

该厂是生产注塑机的专业厂。2005年计划总成本320万元，其中可比产品总成本150万元，可比产品成本计划降低率2.5%。1～10月累计产品总成本280万元，可比产品成本实际降低率0.1%。

2. 主要问题及处理意见。

（1）产品成本与专项工程成本划分不清。

①辅助生产车间，2月份为专项工程制造搅拌机耗材料费5 020元，应分摊工缴费用5 400元，计10 420元，全部计入产品成本。

②总务科为幼儿园新建幼儿活动室，领用建筑材料8 000元，由企业管理费列支。

根据《国营企业成本管理条例》规定，上述制搅拌机及幼儿活动室发生的成本费用18 420元，应分别改由更新改造资金和职工福利基金列支。

（2）多摊虚提生产费用。

①10月份支付保险公司2004年10月至2005年9月计12个月的机动车保险费120 000元，一次计入企业管理费。当月多摊12 000元。

②9月份由车间经费列支预提锻件毛坯加工费40 000元，锻件在库未用，虚提生产费用40 000元。

根据《成本管理条例》规定，保险费应按保险期分期摊销，锻件加工费应冲转在库委托加工材料成本。

（3）产品成本计算不实。

①10月份发出外委加工的在产品注塑机齿轮2 000套，月末漏列在产品盘存报告单，少留在产品成本，多转产成品成本20 000元。

②10月份已领未用的生产材料，价款7 500元，未办理退料或假退为参目。

根据《成本管理实施细则》第二十七条和二十九条的规定，以上两项均应调整10月份的产成品成本。

3．建议。

该厂今年受原材料涨价影响，完成产品成本降低计划困难较大。但从上述审计问题看，企业内部成本费用分配不当、成本不实等问题也是成本提高的重要因素。

建议该厂要进一步学习贯彻《成本管理条例》，加强内部成本控制，正确计算、分配产品成本，研究采取内部消化措施，力争完成今年节约成本降低计划。

附：审计底稿附后（略）。

长江机械制造总公司审计处

张××、陈××、李××

2006年12月2日

五、审计工作底稿

（一）概述

审计工作底稿应包括以下十个部分的内容：

1．被审计单位名称

即审计对象。若审计项目为司法鉴定项目，则个别时候项目的委托方和审计客体不一致。若被审单位为下属公司，则应同时写明下属公司的名称（如××公司二分厂）。此项目可写简称，或以统一的审计标志代替。

2．审计业务类型及项目名称

此处应标明审计业务类型及项目名称，如“2006年年报审计”“工资专项审计”“破产清算审计”等，名称应尽量简练、清晰。

3．审计开始时间及截止时间或时间跨度

此项明确审计范围在时间上的截止点或时间跨度，应结合实质性测试的具体对象区别对待，资产负债项目应填截止时点，损益类项目应填时间跨度。

4. 审计标识

审计标识是注册会计师用以表达各种审计含义的书面符号，可以单独或合并使用常用符号、英文缩写、简称等形式表达各种含义，并将这些标识及其完整的含义详细记录于审计标识一览表内供检查、复核者正常阅读。适当运用审计标识可以缩短工作时间、提高工作效率，同时应说明其确切含义，并在审计过程中保持其前后一致和不同标识的唯一性。

5. 审计过程记录

审计过程记录是审计工作底稿的核心内容，由于审计项目的性质、目的和要求、被审单位的经营规模等诸多因素的不同，审计工作底稿的繁简程序也不同。目前，大部分会计师事务所采用统一印制的程序表（或是标准的底稿模式）来代替工作底稿编制中大量的手工书写（或录入）工作量，本项目可充分运用审计标志，以提高工作效率。

6. 审计结论

审计结论应清晰、简明地表述，不能含糊其辞、模棱两可，此项目是注册会计师经过必要的审计程序后作出的专业判断，它直接支持最终的审计意见。

7. 底稿目录

审计工作底稿的目录应包括索引号和页次两部分内容。

注册会计师为整理利用审计工作底稿，将具有同一性质或反映同一具体审计对象的工作底稿分别归类，形成相互联系、相互控制的特定编号形成索引号；再将同一编号下不同审计工作底稿按顺序编号形成页次。两者结合构成每一审计工作底稿唯一的标志符号，因此，索引号应准确表达对应审计工作底稿的类型和性质，相互之间既有紧密的关联作用和钩稽关系，又有明显的排他性和唯一性，不允许重复。页次一般依次编号，并以分数形式（如2/3）表示。页次编排时应连续，防止跳号、缺号或重号。

审计工作底稿应有索引编号及顺序编号。相关审计工作底稿之间，应保持清晰的钩稽关系。相互引用时，应交叉注明索引编号。

8. **编制者姓名及编制日期**

审计标识一览表内应有简签格式的编制者姓名与编制日期。

9. **复核者姓名及复核日期**

同时，审计标识一览表内还应有简签格式的复核者姓名和复核日期。除此之外，对于复核者而言，在履行必要的复核程序后，除签名外，还应将相应的复核意见、复核中发现的问题及处理意见书面记录下来，以利于编制者修正或明确审计责任划分。

10. **其他应说明事项**

审计工作底稿中由被审计单位、其他第三者提供或代为编制的资料，注册会计师除应注明资料来源外，还应实施必要的审计程序，形成相应的审计记录。

（二）范例

范例一：

审计工作底稿

审计对象		审计时间	
审计内容		审计地点	
发现的问题			
处理意见			
附　件			
审计人签字		被审计人签字	

范例二：

审计工作底稿

索引号：

被审计单位名称			
审计事项			
会计期间或者截止日期			
审计人员		编制日期	
审计结论或者审计查出问题摘要及其依据			
复核意见			
复核人员		复核日期	

共　页第　页　　　　附件（共　页）

六、审计意见书

（一）概述

审计意见书是对审计事项作出评价的结论性审计文书，是审计机关在审定审计报告后，向被审计单位和有关单位出具的。

（二）写作格式

下文为审计意见书的基本写作格式：

×××（审计机关全称）
审计意见书
审意×[×××]×号
关于对×××的审计意见

×××：

根据审通×[×××]×号审计通知书，自×年×月×日至×年×月×日对你单位×××，进行了审计，现出具如下审计意见：

（一）审计机关认定的事实；

……

（二）财审计事项的评价及评价依据：

……

根据上述情况，现提出下列意见和建议：

……

×××（审计机关全称印章）

×年×月×日

抄送：执×××

（三）范例

尚成公司关于对分厂经营情况的审计意见书

尚成公司第二分厂：

根据审通×［×××］×号审计通知书，自2007年11月1~10日对你单位进行了审计，现出具如下审计意见。

一、进一步发挥技术经济优势，积极开发新产品

分厂的产品质量稳定，在用户中享有较好信誉，多年畅销不衰，这是一种优势。但正是由于这种优势，使分厂背上了“吃老本”的包袱，以致近10年来没

有开发形成批量生产的新产品。据销售部门和财务部门的初步估算，若能在三五年内把现有的3个系列的主导产品从大到小形成完整的系列，不需要花费太大的投资，就能使销售收入翻两番，实现利税也会有大幅度增长。若再能以自己的技术经济优势，开发两三种适销对路的大型新产品，经济效益将会更好。为此，应克服“吃老本”的思想，把完善现有产品系列和开发新产品作为一个经营战略任务列入议事日程，使它在企业的中长期计划中占有相当重要的位置。

二、要在资金运用上下工夫

分厂今年资金利润率为13.9%，在同行业中不处于领先地位，这反映了分厂在资金运用方面存在不足之处。建议你单位要在资金管理和运用上多下工夫，特别是在资金使用的投向上，要多做调查研究，进行科学的经济技术论证，把有限的资金用活、用好，取得应有的经济效益。

三、澄清审计与监察的区别，建立独立的内部审计机构

分厂设审计监察科，但审计工作总是和监察办案纠结在一起，把审计工作变为监察办案的一种手段，这里需要澄清审计与监察的区别。审计与监察的共性是监督，但二者又有很大的区别：审计是经济监督，监察是行政监督；审计监督的对象是经济活动及其内控制度，监察监督的对象是特定的国家（企业）行政机关及其工作人员；审计监督的依据是经济法规和审计标准，监察监督的依据是行政法规中有关政纪的规定；审计有事前、事中和事后监督，监察多事后监督等。所以，审计和监察是两个不同的职能部门，把审计和监察或者和其他业务部门合设为一个机构的做法不仅不科学，而且会削弱甚至会变相取消内部审计监督。分厂应当设立独立的内部审计机构。

总公司审计中心（印章）

2007年11月15日

抄报：公司领导

七、审计决定

（一）概述

审计决定是审计机关依据审计意见书中所列的被审计单位违反国家规定的财

政收支、财务收支的事实，在审定审计报告后，对被审计单位依法给予处理、处罚的审计文书。

（二） 写作格式

审计决定一般包括标题、受文单位、正文、结尾四部分。

1. 标题

包括被审计单位名称、审计事项和文书名称三项内容，例“关于××公司财务违纪问题的审计结论和处理决定”。

2. 受文单位

写明被审计单位全称。

3. 正文

审计决定的正文内容应包括：审计出的问题、违反的规定、处理决定的依据、处理的结果等。

4. 结尾

写明发文单位名称和发文日期。

（三） 范例

范例一：

关于长江机电厂财务收支违纪问题的审计决定

根据本局审计小组的审计，经局第22次审计会议讨论，对你厂2007年财务收支中违反财政、财务法规的有关问题，作以下审计决定：

一、截留利润

1. 2007年你厂房产科对外提供劳务净收入28万元；对厂内提供劳务净收入30万元，共计58万元。

2. 厂办商店2007年实现利润90万元。

以上两项共计148万元，均擅自截留，违反了财政部［××××］13号文件关于各单位一切收支都要通过厂财务部门作账务处理的规定，其中侵占国家财政部分88万元。

二、挤占成本

1. 2007年在企业管理费中列支厂医、管理人员工资和俱乐部经费计30万元。

2. 2007年在销售成本中列支自行车安装提成奖10万元；在基本生产中列支创汇奖8万元，共计18万元。

以上两项共计挤占成本48万元，违反了《成本管理条例》有关规定。其中，侵占国家财政部分27万元。

三、漏交建筑税

2007年自筹资金建设职工住宅，实际完成投资额700万元，漏交建筑税60万元。

四、漏交能交基金

1. 2007年尚成公司拨给你厂出口创汇奖50万元。

2. 2007年年度专项存款利息收入48万元。

以上两项共计98万元，均未能缴纳能交基金，漏交能交基金50万元，违反了国务院《关于征能交基金的规定》。

五、漏纳资金税

2007年你厂实发各种应纳税的奖金1 050万元，按四个月标准工资计算，超发120万元，漏纳奖金税25万元。

以上五项违纪金额379万元。其中：应补交国家财政115万元，补交建筑税60万元，补交能交基金50万元，补交奖金税25万元，共计应补交金额250万元。请于今年年末以前缴清。

以上审计决定，请认真执行。并于今年年末以前缴清。

以上审计决定，请认真执行。并请于今年年末以前，将执行结果书面报市审计局，对本决定如有异议，可于文到后15日内向一级审计机关提出复议。

阳关市审计局

（印章）

抄送：市财政局、税务局

范例二：

××××关于××××的审计决定

××××：

自×年×月×日至×年×月×日，我×（署、厅、局、办）对你单位××××进行了审计。现根据《中华人民共和国审计法》第×条和其他有关法律法规，作出如下审计决定：

____

____

____

本决定自送达之日起生效。并自收到之日起××日内执行完毕。如果对本决定不服，可以在收到本决定之日起60日内，向××××申请复议。复议期间本决定照常执行。

×××

××年×月×日

第四章

工商税务文书

一、企业设立登记申请书

（一）概述

依据我国公司法中有关规定，个人独资企业、合伙企业、有限责任公司、股份有限公司以及外商投资企业在内的所有法人或非法人企业，在筹备设立时都要撰写企业设立登记申请报告，进行企业设立登记申请，经工商行政管理机关审核批准，取得营业执照后，才能从事生产经营活动。

企业设立登记文书，是企业向国家主管机关履行登记管理手续时依法制作和使用的文书。

（二）写作格式与要求

1．写作格式

企业设立登记申请书与申请书的格式类似，包括标题、称谓、正文三部分。

（1）标题。

可以直接写“申请书”，也可以在“申请书”前加上内容，一般采用后者。

（2）称谓。

标题下方另起一行顶格写明接收申请书的单位、组织或有关领导。

（3）正文。

正文部分是申请书的核心部分，应写明设立企业的要求，并说明理由。撰写时应做到理由阐述充分，事项说明简洁。

2．写作要求

写作企业设立登记申请书有以下几点要求：

（1）申请书及所附文件、证件应当以书面形式提交。

（2）申请书应用钢笔工整书写或使用打印稿。

（3）申请书及所有附属文件符合国家有关法律法规的规定，不含虚假内容。

(4) 撰写申请书态度要诚恳朴实，语言要准确简洁。

（三）范例

范例一：

企业开业登记申请报告

杭州市工商行政管理局：

为繁荣我市经济，促进我市高新科技的发展，张××、陈××、李××、赵××、王××五人自愿联合，集资兴办天方实业发展有限公司。本公司注册资金人民币200万元。根据市场需要和现有人员、技术、设备、资金等情况，公司主要从事电脑硬件开发生产，兼营网络设备、通信设备。现已在本市××路××号租用生产经营场地270平方米，作为公司办公及经营场所。

本公司核准登记后，保证遵守国家政策规定，服从有关部门的监督管理，自觉维护社会经济秩序，依法经营，照章纳税，不断开拓前进，积极为国家做出贡献。

经股东大会讨论，一致推举李××同志为法人代表。公司章程已经股东大会讨论通过，现将企业开业登记申请报告及公司章程一并呈上，请予核准登记。

特此报告

附件：天方实业公司章程（略）

天方实业公司筹建负责人：李××（签章）

2008年10月10日

范例二：

企业申请登记开业注册书

文号：工商个字［20××］第×号

编号：

企业名称____________________

企业负责人____________________

行　　业________________

核准日期_____年_____月_____日

中华人民共和国国家工商行政管理局制

（一）申请开业登记事项（申请人填写）

<table>
<tr><td colspan="2">企业名称</td><td colspan="6"></td></tr>
<tr><td colspan="2">经营地址</td><td colspan="6"></td></tr>
<tr><td colspan="2">企业负责人</td><td></td><td>联系电话</td><td colspan="2"></td><td>邮政编码</td><td></td></tr>
<tr><td colspan="2">企业种类</td><td></td><td>投资者人数</td><td colspan="2"></td><td>雇工人数</td><td></td></tr>
<tr><td colspan="2" rowspan="2">注册资金</td><td colspan="2">合　计</td><td colspan="2">固定资金</td><td colspan="2">流动资金</td></tr>
<tr><td colspan="2">万元</td><td colspan="2">万元</td><td colspan="2">万元</td></tr>
<tr><td colspan="2">经营方式</td><td colspan="6"></td></tr>
<tr><td rowspan="2">经营范围</td><td>主营</td><td colspan="6"></td></tr>
<tr><td>兼营</td><td colspan="6"></td></tr>
<tr><td colspan="2">经营场所面积</td><td colspan="2">平方米</td><td colspan="2">经营场所产权</td><td colspan="2"></td></tr>
<tr><td colspan="2">主要设备和服务设施</td><td colspan="2"></td><td colspan="2"></td><td colspan="2"></td></tr>
<tr><td colspan="2">主要产品</td><td colspan="2"></td><td colspan="2"></td><td colspan="2"></td></tr>
</table>

（二）提交的文件、证件及有关部门意见（申请人提交）

提交的文件、证件	
有关部门的意见	

二、企业资本变更登记申请书

（一）概述

1. 企业资本变更登记申请报告的概念

变更登记申请报告就是指当企业的名称、法人、注册资金、经营范围等一系列情况发生变化后，原在工商部门进行登记与变化后的企业情况不符，因此需要撰写变更登记申请报告改变企业原有信息。

2. 企业资本变更登记申请报告的种类

依据变更对象，可将变更登记申请报告分为不同种类：

（1）变更企业法定代表人的登记申请报告。

（2）变更企业名称的登记申请报告。

（3）变更企业经营范围的登记申请报告。

（4）变更企业注册资金的登记申请报告。

（二）写作格式与要求

1. 写作格式

变更登记申请书的格式与一般申请书相同，包括标题、称谓、正文三部分。

（1）标题。

可直接写“申请书”，也可写“内容+申请书”，一般使用后者。

（2）称谓。

标题下另起一行顶格写明接收申请书的单位、组织或有关领导。

（3）正文。

正文是申请书的核心部分，撰写时既要提出变更登记的事项和要求，还要说明变更理由，事项要描述清楚，理由要阐述充分。

2. 写作要求

撰写企业资本变更登记申请书有如下几点要求：

（1）企业变更登记申请人为本企业。

（2）指定代表或者委托代理人更正有关材料的权限。

（3）变更登记申请书的签署有如下要求：

有限责任公司由代表2/3以上表决权的股东签署（股东为自然人的由本人签字；自然人以外的股东加盖公章）；

股份有限公司应附股东大会会议记录，由代表2/3以上表决权的发起人加盖公章或会议主持人及出席会议的董事签字；

一人有限责任公司应提交股东的书面决定，内容应当包括：增加/减少注册资本的数额和出资方式、出资日期（股东为自然人的由本人签字，法人股东加盖公章）。

（4）要有专业验资机构出具的验资证明。

（三）范例

关于变更注册资金的登记申请报告

南阳市工商行政管理局：

由于近几年市场商品供销情况的变化，我厂生产的抽水泵已成为市场的畅销产品，为满足市场，我厂的生产规模也在不断扩大，鉴于这种情况，我厂原来登记注册的资金数额已远远不能适应工厂生产经营的需要。

为此，我厂拟将注册资金由原来的50万元调整为120万元，其中固定资金72万元，流动资金48万元，全部注册资金均由我厂自行解决。

特申请办理变更注册资金登记手续，请审查核准，予以变更登记。

南阳市电机厂（盖章）
法定代表人：陈××（签章）
2008年4月3日

文号：工商个字［20××］第×号

编号：

私营企业申请变更登记注册书

企业名称＿＿＿＿＿＿＿＿＿＿＿＿

企业负责人＿＿＿＿＿＿＿＿＿＿＿＿

核准日期＿＿＿＿年＿＿＿＿月＿＿＿＿日

中华人民共和国国家工商行政管理局制

（一）申请变更登记事项（申请人填写）

项目	原核准登记事项（逐项填写）			申请变更登记事项（只填变更事项）		
企业名称						
经营地址						
企业负责人						
企业种类						
投资者人数						
雇工人数						
注册资金（万元）	合计	固定资金	流动资金	合计	固定资金	流动资金
经营方式						
经营范围 主营						
经营范围 兼营						
分支机构数						
申请变更登记理由						

（二）提交的文件、证件及有关部门意见（申请人提交）

提交的文件、证件	
有关部门的意见	

三、注销税务登记申请书

（一）概述

注销税务登记申请书是办理注销登记时提交的申请书。税法规定，凡纳税人由于联营协议终止、改组、分设、合并等原因而宣告撤销、经营期满、改变经济性质、歇业破产和自行停止生产经营6个月以上、脱离原税务管辖区、被吊销营业执照的，应于有关部门批准或宣告废业之日起30日内，到主管税务机关申报办理注销登记。

（二）写作格式与要求

1. 写作格式

（1）标题。

申请书应包括标题、称谓、正文、结尾四个部分，可以直接写明“注销登记申请报告”字样，也可写上单位名称+文种。

（2）称谓。

另起一行顶格写明申请报告的接受机关，一般是工商部门。

（3）正文。

写明注销原因等，最后写“特申请办理注销登记，请审查核准，予以注销”。

（4）结尾。

写明企业名称、法定代表人名称并加盖公章、私章，写清附件。

2. 写作要求

撰写注销税务登记申请书有如下几点要点：

（1）材料要齐全。

注销税务登记申请包含以下四项材料：

①原税务登记证件（正副本）、税务登记表。

②工商行政管理部门批准注销登记注册书。

③主管部门（单位）或审批注销机关的批准文件。

④其他有关证件。

(2) 内容明确，有理有据。

书写注销税务登记申请书时，注销税务登记申请应包含注销登记的理由，如经营不善、经营期满、经营场所拆迁等，除此之外，尚在办理中的纳税事宜和发票用存情况等也应在申请书中写明。

（三）范例

关于办理注销税务登记的申请

沭阳县国税局：

我单位因经济效益逐年滑坡，经主管部门天方耐火材料厂决定，将本工程队同天方安装公司合并，现已合并完毕。为此，申请办理注销我单位原办税务登记（对原单位有关纳税事宜已全部结清）。

如无不妥，请予办理。

附：

注销税务登记表（略）

天方耐火材料厂建筑安装工程队

2008 年 10 月 10 日

四、企业复业登记申请书

（一）概述

企业复业登记申请书是企业在办理停业后需要复业时递交于主管部门的材料。对已办理停业登记的纳税人，应于停业期满前 10 日内持原批准停业部门批准复业证明和原签批的“停业复业税务登记表”到主管税务机关办理复业登记。

（二）写作格式与要求

1. 写作格式

企业复业登记申请书应遵循申请书的常用格式，包括标题、称谓、正文三部分，大多数情况下复业登记申请书以表格的形式撰写。

（1）标题。

可以直接写“申请书”，也可以在“申请书”前加上内容，一般采用后者。

（2）称谓。

标题下方另起一行顶格写申请书接收单位或组织有关领导。

（3）正文。

正文部分要写清申请复业的要求事项并说明理由，事项要撰写清楚，理由要阐述充分。

2. 写作要求

撰写复业登记申请书有以下几点要求：

（1）申请复业事项要具体明了，所涉及的材料要准确真实。

（2）申请复业理由要充分、合理，陈述事实要实事求是，不能虚夸和杜撰，否则难以得到上级领导的批准。

（3）撰写复业申请书的态度要诚恳，语言要简洁。

（三）范例

复业申请登记表

纳税人识别号	
纳税人名称（章）	
复核准停业期限	至
申请事由	

续表

<table>
<tr><td>填表日期</td><td></td><td>法定代表人</td><td></td><td>经办人</td><td></td></tr>
<tr><td colspan="3">以上纳税人填写</td><td colspan="3">以下税务机关填写</td></tr>
<tr><td>归还证件、资料</td><td colspan="5"></td></tr>
<tr><td>主管税务机关
审批意见</td><td colspan="5">经办人：
审批日期：
税务机关（章）</td></tr>
</table>

五、税务登记申请书

（一）概述

税务登记申请书是新办企业提交给税务局的开业税务登记申请。从事生产经营的企业（包括外商投资企业和外国企业）、事业单位、个体工商户，自领取营业执照或虽不用领取营业执照但需经有关部门批准成立之日起30天内，需持有关证件、资料，在工商或单位所在的区县（地区）地方税务局征管法制科（或地方税务局涉外分局征管法制科）申报办理开业税务登记。

（二）写作内容

税务登记申请书一般应包括以下三项内容：

(1) 税务登记申报表的名称。

（2）企业注册登记的相关信息：企业名称、经营地址、经济性质、主管单位、开户银行、账号、经营范围、经营方式、从业人员、核算形式、资金、工商核发证照名称、号码、日期、企业负责人、财务负责人、办税人员、所属非独立核算的分支机构、变更登记事项等。

（3）企业盖章、负责人盖章以及填写日期等。

（三）范例

北京皇开有限公司办理开业税务登记申请

北京市朝阳区国税局：

我单位位于北京市朝阳区大望路123号，法定代表人陈×，经济性质为私营有限责任公司，于2007年3月20日办理的工商营业执照，今申请办理开业税务登记证。

特此申请

北京皇开有限公司

2007年4月7日

六、纳税检查报告

（一）概述

1. 纳税检查报告的概念

纳税检查报告是税务机关按照国家税法规定，对纳税义务人履行税法情况进行监督的一种书面报告形式。

2. 纳税检查报告的特点

纳税检查报告除了具有一般财务审计文书的共同特点外，还具有其鲜明的特点，具体表现在以下几个方面：

（1）法规性。

税收法制和法规的精神，要贯穿于文章始末，体现于字里行间。纳税检查报告的全部内容，包括检查过程的记载、处理意见的陈述，都必须体现国家的税收法制和法规。纳税检查报告是税收法制、法规的具体化，检查纳税人情况并提出处理意见要以国家税收法制、法规为标准。

（2）权威性。

纳税检查报告一经税务主管机构认定和批准，便具有权威性。在纳税检查报告中提出的各种处理意见一经领导机构批准，便应付诸实施，诸如补交税款、加收滞纳金、酌情罚款、移送司法机关等，若更改和拒绝执行，将会受到严厉的处罚。

（3）请示性。

纳税检查报告只是税务机关的派员，在对纳税义务履行人的财务和纳税情况进行检查后，将检查过程、发现问题、检查结论作出实事求是的记载，并提出处理意见。它是派出人员向派出单位的工作报告，并未形成一级决定。请示性是税务检查报告的一项重要特征。派出人员在检查过程中工作程序是否符合规定、援引税法是否正确、对纳税人处以补税和罚税的意见是否适度、计税是否合理，都应经主管税务机构审查、认定，并予批准才能有效；补税、罚税的具体处理意见，必须经领导签署后才能具有法律效力。

3. 纳税检查报告的分类

纳税检查报告种类繁多，从内容上划分，有全面纳税检查报告和单项纳税检查报告；从形式上划分，有表格式纳税检查报告和文字说明式纳税检查报告。

（二）写作格式

纳税检查报告与一般报告格式类似，一般分为标题、正文、落款三大部分。

1. 标题

标题有两种写法：

（1）完全式标题，即“单位＋时间＋文种”，如“××省××公司 2003 年纳税情况检查报告”。

（2）不完全式标题，如“关于××公司纳税情况的检查报告”。

2. 正文

正文主要内容有以下三大部分：

（1）前言。写于正文之前，简明扼要地介绍被检查单位的基本情况、检查范围、检查时间、检查方法以及概述纳税人履行纳税义务过程中所取得的成绩及原因。

（2）主文。这一部分主要应分章撰写纳税人存在的纳税问题并分析原因。

（3）结束语。

3. 落款

落款应包括以下三大部分：

（1）被派人员所在税务机关、所任职务和姓名。

（2）参与税务检查的人员签名、盖章。

（3）成文日期。

（三）范例

纳税检查报告

据区局对商贸型企业税收专项检查的要求，我检查组对上海某经贸有限公司进行检查，现将检查情况汇报如下。

一、企业基本情况

企业名称：上海某经贸有限公司（以下简称某公司）；

注册地址：上海某路某号（实际经营地上海某路某号）；

经济性质：私营企业；

法人代表：张×；

财务负责人：李××；

经营范围：超市配货、电子产品等。

属增值税一般纳税人，企业所得税实行代征，属第××税务所管辖。

该公司2001年申报销售收入9 005 955.22元，应纳增值税额125 498.55元，税负 1.39%；2002 年 1～7 月申报销售收入 6 489 168.61 元，应纳增值税额 31 156.11 元，税负 0.48%。两年的税负变化较大。

二、检查内容及发现的问题

通过对该公司 2001 年 1 月至 2002 年 7 月份的"二联发票"、会计账册、凭证、报表作检查，经对该公司库存商品进行实物盘点，发现该公司存在三个方面的问题：

1. 某公司 2001 年 12 月开始经营一次性筷子，2001 年 12 月至 2002 年 7 月底合计外购一次性筷子 14 290 箱，其间销售一次性筷子 3 867 箱，但仓库已无结存。经核实，该公司法人代表承认其现金销售一次性筷子 10 423 箱没入账，按该商品的平均售价 94.01 元计算，少申报销售收入 979 866.23 元，少缴增值税 166 577.23 元。

2. 2001 年 11～12 月，某公司收受上海某电子技术有限公司开具的增值税专用发票 6 份，发票内容为电子调解器 1 780 台，金额合计 532 478.65 元，税额合计 90 521.37 元，已向第××税务所申报抵扣增值税。通过调查，某电子技术有限公司的老板王五承认这 6 份属无货虚开发票，王五按开票金额的 6% 向收票方收取开票费。张×也承认某公司的确没做过电子调解器的生意，是其朋友赵六借用某公司的名义做的业务，以上 6 份发票是由赵六提供的。经核证，这 6 份发票属无货虚开发票，按规定应剔除进项，补征增值税 90 521.37 元。详细情况如下：

(1) 2001 年 11 月转账 18 号凭证，收受#01264669、01264670 两份专用发票，金额合计 179 487.18 元，税额 30 512.82 元；

(2) 2001 年 11 月银字 6 号凭证，收受#01264671 一份专用发票，金额 89 743.57 元，税额 15 256.41 元；

(3) 2001 年 12 月转账 8 号凭证，收受#05779357、05779360 两份专用发票，金额合计 179 487.18 元，税额 30 512.82 元；

(4) 2001 年 12 月银字 3 号凭证，收受#05779359 一份专用发票，金额合计 83 760.68 元，税额 14 239.32 元。

3. 2001 年度，某公司购置电脑、装修办公用房购建材合计支出 84 548.71 元，所收受的增值税专用发票申报抵扣增值税合计 14 373.28 元，应作进项转出，补征增值税。详见摘录资料。

三、对查出问题的处理意见

1. 对上述查出的问题，根据《中华人民共和国增值税暂行条例》第一条、

第二条、第五条的规定，补征增值税27 1471.91元。

2. 根据《中华人民共和国城市维护建设暂行条例》第二条、第三条、第四条规定，按应补增值税附征1%城建税2 714.72元。

3. 根据《某县人民政府批转县财政局、县税务局就关于改进本县农村教育事业附加的计征办法的请示的通知》规定，按销售额附征0.1%农村教育费附加979.87元。

4. 根据《关于制定上海市堤防维护费征收管理办法通知》规定，按应补增值税附征1%堤防费2 714.72元。

5. 根据《中华人民共和国企业所得税暂行条例》第一条、第二条规定，《中华人民共和国个人所得税法》第一条、第二条，及《关于对本市部分私营企业实际按销售额或营业收入带征方式征收所得税的若干规定》的规定，按销售额带征0.5%的企业所得税4 899.33元；按销售额带征0.1%个人所得税979.87元。

6. 某公司上述行为已构成偷税，根据《中华人民共和国税收征收管理法》第六十三条规定，拟按所偷税额处0.5倍的罚款计140 040元。

四、其他需要说明的问题

1. 该公司的法人代表及有关人员在本次检查后，对某公司所存在的问题有比较深刻的认识，在检查过程中比较配合稽查人员的工作，并在9月1日已将补税资金290 000元解入该公司的纳税专户。

2. 上海某电子技术有限公司也属我局管辖的企业，在呈报区局批准后，对其及赵六的涉税违法行为将另案查处。

当否，请批示。

上海市某区国家税务局第××稽查税务所

稽查人员：严×　　朱××

二〇〇二年×月××日

七、减、免税申请书

（一）概述

1. 减、免税申请的概念

依照法律、行政法规的规定，纳税人可以向税务机关书面申请减、免税。企业所得税减、免申请是指企业根据国家政策或遇有特殊情况而向税务部门申请减、免的文字材料。

2. 减、免税申请的条件

纳税人在生产经营活动中，因生产新产品、少数民族特需商品、以“三废”为原料的产品和开办初期或遇自然灾害以及其他客观原因，纳税有困难的，可依据上述规定及有关税种的规定，申请减、免税。

（二）写作格式及要求

1. 写作格式

遵循申请书的常用格式，包括标题、称谓、正文三部分。

(1) 标题。

可以直接写“申请书”，也可在“申请书”前加上内容，一般采用后者。

(2) 称谓。

标题下另起一行顶格写明接收申请书的单位、组织或有关领导。

(3) 正文。

正文部分应写清减、免税要求事项，并说明理由。事项撰写应全面清楚，减、免理由应客观充分。

2. 写作要求

减、免税申请书有以下两点写作要求：

（1）理由充足。

减、免税申请书理由有以下几点：政策性减免、社会减免、灾情减免、企业因经营困难申请减免等。

（2）材料真实。

纳税单位减税、免税申请书由填表说明、封面、正文组成。填写时必须遵照实际情况如实填写。

①填表说明是税务登记机关对表格所列内容中有难点的名称或内容加以解释说明的文字。

②封面。包括编号、申请单位、申请时间三项内容。

③正文。正文应写清纳税单位基本情况，生产或经营业务范围，申请减、免税前一年度生产经营状况等事项。纳税单位基本情况由纳税单位全称、负责人、营业执照号码、经济性质等组成。

（三）范例

纳税单位减税、免税申请书

申请单位：　　　　　　　　　　　　　　　　　　　年　　月　　日

×××市地方税务局印制

<table>
<tr><td rowspan="3">纳税单位</td><td>全　称</td><td colspan="5"></td><td colspan="3">经济性质</td><td colspan="2"></td></tr>
<tr><td>地　址</td><td colspan="5"></td><td colspan="3">主管部门</td><td colspan="2"></td></tr>
<tr><td>负责人</td><td colspan="5"></td><td colspan="3">电　话</td><td colspan="2"></td></tr>
<tr><td>开业时间</td><td colspan="3"></td><td colspan="5">营业执照号码</td><td colspan="3"></td></tr>
<tr><td>现有职工人数</td><td colspan="3"></td><td colspan="5">税务登记证号码</td><td colspan="3"></td></tr>
<tr><td>生产或经营
业务范围</td><td colspan="11"></td></tr>
<tr><td rowspan="3">申请减免税的
前一年度生产
经营情况</td><td colspan="2" rowspan="2">销售收入总额或
业务收入总额</td><td colspan="3">利润</td><td colspan="6">纳税金额</td></tr>
<tr><td colspan="2">额</td><td>率</td><td colspan="2">产品税</td><td colspan="2">增值税</td><td>营业税</td><td>所得税</td></tr>
<tr><td colspan="2"></td><td colspan="2"></td><td></td><td colspan="2"></td><td colspan="2"></td><td></td><td></td></tr>
</table>

续表

申请减免税时交纳各税情况			
本年生产经营计划和计划利润			
申请减免税的产品或经营业务	税种	要求免税或减税的幅度	起止时间
	减免期预计减、免税款		

八、企业法人年检报告书

（一）概述

企业法人年检报告书是企业年检制度的书面文件。年检是指登记主管机关根据国家企业法人登记管理条例，对所登记的企业法人实行的年度检查，是登记主管机关对企业法人进行监督管理的重要手段。

（二）写作格式

年检报告书包括标题和正文两部分。

1. 标题

一般以“名称+年度”的形式写作。

2. 正文

年检报告书的正文应写明以下三项内容：

（1）企业法人登记注册事项。

（2）分支机构主要登记事项及年末简况。

（3）其他情况等。

（三）范例

企业法人年检报告书

（　　年度）

企　业　名　称：　　　　　　　　　　　　　　　（盖章）

营业执照注册号：

<table>
<tr><td>敬告：根据《公司登记管理条例》、《企业法人登记管理条例》和《企业年度检验办法》规定：
企业无正当理由在3月15日前未报送年检材料的，由登记机关处以1000元以下的罚款。4月30日前未申报年检的，属于公司的，处以1万元以上10万元以下的罚款；属于非公司企业法人或非法人经营单位的，处以违法所得额3倍以下的罚款，没有违法所得的，处以1万元以下的罚款。
年检中隐瞒真实情况、弄虚作假，属于公司的，处以1万元以上5万元以下的罚款；属于非公司企业法人的，视情节轻重，分别给予警告、处以违法所得额3倍以下的罚款，没有违法所得的，处以1万元以下的罚款。情节严重的，可以吊销营业执照。</td></tr>
<tr><td></td></tr>
<tr><td>声明：本人已阅读以上敬告，并对本年检报告书内容进行审核。本年检报告书及提交的相关资料内容真实、完整、不含虚假成分，本人为此承担相应的法律责任。谨此确认。

法定代表人签字：
年　月　日</td></tr>
</table>

中华人民共和国国家工商行政管理总局制

注册登记事项及变动情况

项　　目	登记注册事项	年检时实际情况
企业名称		
住　　所		
经营场所		
法定代表人		
注册资本（金） （万元）		
企业类型 （或经济性质）		
经营范围		
营业期限	自××年××月 至××年××月	自××年××月 至××年××月

本年度企业章程是否修改		修改的章程是否已备案	
本年度公司董事、监事 是否发生变动		变动情况是否已备案	

注册资本（金）出资情况

出资人名称或姓名	注册号（或身份证号等）	出资方式（货币、土地使用权、实物、工业产权、非专利技术等）	出资额（万元）		所占比例（%）
			应缴	实缴	
合　　计					

出资人变更情况	原登记出资人名称	年检时实际出资人名称	是否已办理变更登记

分支机构情况

序号	名　　称	负责人	注册号	登记机关
1				
2				
3				
4				
5				
6				
7				
8				
9				
10				

年末累计对外投资情况

序号	被投资企业名称（请填写全称）	地址（所在省市县）	投资方式	投资数额（万元）	所占比例	是否控股
1						
2						
3						
4						
5						
6						
7						
8						
9						
10						
年末对外投资金额合计（万元）						

企业年度经营情况

<table>
<tr><td>资产总额</td><td>万元</td><td>负债总额</td><td colspan="2">万元</td></tr>
<tr><td>净资产
（所有者权益）</td><td>万元</td><td>实收资本</td><td colspan="2">万元</td></tr>
<tr><td>产值（生产型企业填写）</td><td>万元</td><td>销售收入或
营业收入</td><td colspan="2">万元</td></tr>
<tr><td>税后利润</td><td>万元</td><td>对外投资总额</td><td colspan="2">万元</td></tr>
<tr><td>流动资产</td><td>万元</td><td>流动负债</td><td colspan="2">万元</td></tr>
<tr><td>固定资产</td><td>万元</td><td>累计折旧</td><td colspan="2">万元</td></tr>
<tr><td rowspan="2">本年度纳税总额</td><td rowspan="2">万元</td><td>国税</td><td colspan="2">万元</td></tr>
<tr><td>地税</td><td colspan="2">万元</td></tr>
<tr><td>销售合同金额</td><td>万元</td><td>合同履约金额</td><td colspan="2">万元</td></tr>
<tr><td>亏损原因</td><td colspan="4"></td></tr>
<tr><td rowspan="5">公司债券
发行情况</td><td>债券总额
（万元）</td><td>偿还期限</td><td>债券利率
（%）</td><td>发行时间</td></tr>
<tr><td></td><td></td><td></td><td></td></tr>
<tr><td></td><td></td><td></td><td></td></tr>
<tr><td></td><td></td><td></td><td></td></tr>
<tr><td></td><td></td><td></td><td></td></tr>
</table>

企业其他基本情况

<table>
<tr><td rowspan="2">法定代表人</td><td rowspan="2"></td><td>学　历</td><td colspan="4">□中学以下；□高中；□大专；
□大学；　　□硕士以上</td></tr>
<tr><td>固定电话</td><td></td><td colspan="2">移动电话</td><td></td></tr>
<tr><td>财务负责人</td><td></td><td>固定电话</td><td></td><td colspan="2">移动电话</td><td></td></tr>
<tr><td>工商联络员</td><td></td><td>固定电话</td><td></td><td colspan="2">移动电话</td><td></td></tr>
<tr><td>企业网址</td><td colspan="6">http：//www.</td></tr>
<tr><td>企业 E－mail</td><td colspan="2"></td><td colspan="2">工商联络员 E－mail</td><td colspan="2"></td></tr>
<tr><td>企业统一代码</td><td colspan="2"></td><td colspan="2">住所房产产权</td><td colspan="2">□自有；□租用</td></tr>
<tr><td>税务登记机关</td><td colspan="2">国税：</td><td colspan="2">税务证登记号</td><td colspan="2"></td></tr>
<tr><td>税务登记机关</td><td colspan="2">地税：</td><td colspan="2">税务证登记号</td><td colspan="2"></td></tr>
<tr><td>在职职工本年度
人均工资收入</td><td colspan="2">万元/人·年</td><td colspan="2">企业职工总数</td><td colspan="2"></td></tr>
</table>

<table>
<tr><td colspan="2">开户银行名称</td><td colspan="2">银行账号</td><td colspan="2">授予银行信用等级</td></tr>
<tr><td colspan="2"></td><td colspan="2"></td><td colspan="2"></td></tr>
<tr><td colspan="2"></td><td colspan="2"></td><td colspan="2"></td></tr>
<tr><td colspan="2"></td><td colspan="2"></td><td colspan="2"></td></tr>
<tr><td rowspan="2">驰名商标
认定情况</td><td>商标名称</td><td>1.</td><td>2.</td><td>3.</td><td>4.</td></tr>
<tr><td>认定时间</td><td></td><td></td><td></td><td></td></tr>
<tr><td rowspan="2">著名商标
认定时间</td><td>商标名称</td><td>1.</td><td>2.</td><td>3.</td><td>4.</td></tr>
<tr><td>认定时间</td><td></td><td></td><td></td><td></td></tr>
<tr><td>知名商号（字号）
认定情况</td><td colspan="2">□省局认定；□市局认定</td><td>认定时间</td><td colspan="2"></td></tr>
<tr><td>企业主要产品或
主要经营内容</td><td colspan="5"></td></tr>
</table>

信用资产积累情况

1. 企业法定代表人目前担任的主要社会职务

<table>
<tr><th>任职类别</th><th>任职情况</th><th>任职时间</th></tr>
<tr><td>人大代表</td><td>□县、区；□市；□省；□全国</td><td></td></tr>
<tr><td>政协委员</td><td>□县、区；□市；□省；□全国</td><td></td></tr>
<tr><td>党代会代表</td><td>□县、区；□市；□省；□全国</td><td></td></tr>
<tr><td rowspan="5">其他社会职务（如在协会、学会等社会或学术团体任职）</td><td>1.</td><td></td></tr>
<tr><td>2.</td><td></td></tr>
<tr><td>3.</td><td></td></tr>
<tr><td>4.</td><td></td></tr>
<tr><td>5.</td><td></td></tr>
</table>

2. 企业法定代表人获得的县（区）级以上荣誉表彰

<table>
<tr><th colspan="2">获得荣誉表彰情况</th><th>授予单位</th><th>授予年度</th></tr>
<tr><td rowspan="6">获得县以上党委、政府表彰、授予称号（如获得五一奖章、三八红旗手）等</td><td></td><td></td><td></td></tr>
<tr><td></td><td></td><td></td></tr>
<tr><td></td><td></td><td></td></tr>
<tr><td></td><td></td><td></td></tr>
<tr><td></td><td></td><td></td></tr>
<tr><td></td><td></td><td></td></tr>
<tr><td rowspan="5">其他荣誉（其他部门、单位组织评选或授予的荣誉、奖励）</td><td>1.</td><td></td><td></td></tr>
<tr><td>2.</td><td></td><td></td></tr>
<tr><td>3.</td><td></td><td></td></tr>
<tr><td>4.</td><td></td><td></td></tr>
<tr><td>5.</td><td></td><td></td></tr>
</table>

3. 企业获得的县（区）级以上荣誉表彰

获得荣誉表彰情况		授予单位	授予年度
获得重合同守信用、消费者信得过、出口创汇先进、环境保护先进企业等荣誉称号			
获得的其他荣誉及奖励	1.		
	2.		
	3.		
	4.		
	5.		
	6.		
	7.		
	8.		

九、税务申报文书

（一）概述

税务申报文书是纳税人履行纳税义务时使用的文书，即通称的“纳税申报表”。纳税申报，是税法规定的纳税人履行纳税义务的一项重要制度，是纳税人向税务机关办理纳税的必要手续，也是基层税务机关核定应征税额和填开纳税凭证的主要依据。根据税法规定，纳税人应当按照税务机关核定的纳税期限填报“纳税申报表”进行纳税申报，并要按照“纳税申报表”的要求如实填写纳税事项，计算应纳税款。办理纳税申报，有利于纳税人正确计算应纳税款，防止错交、漏交，保证国家税收及时定额入库。

（二）写作格式

税务申报文书一般分项撰写。如：增值税纳税申报、所得税申报等。它由标题、表首、正表、签署四部分组成。

（1）标题

标题由税种和文种两部分组成，如“增值税纳税申报表”。

（2）表首

表首包括四项内容：

①企业名称。工商企业应写税务登记证上的全称。

②税款所属日期。

③纳税项目。

④核定期限。

（3）正表

正表由项目、企业申报数、税务机关审核三大栏组成，应逐项填写。

（4）签署

本部分由五项内容组成：

①申报单位印章。

②财务负责人签署。

③经办人签署。

④税务专员签署。

⑤税务专管员签署。

（三）范例

1. 增值税纳税申报

增值税纳税申报表

（适用于增值税一般纳税人）

根据《中华人民共和国增值税暂行条例》第22条和第23条的规定制定本表。纳税人不论有无销售额，均应按主管税务机关核定的纳税期限按期填报本表，并于次月1日起10日内，向当地税务机关申报。

税款所属时间：自　年　月　日至　年　月　日

填表日期：　年　月　日　　　　金额单位：元（列至角分）

纳税人识别号：　　　　所属行业：

纳税人名称		法定代表人姓名		注册地址		营业地址	
开户银行及账号		企业登记注册类型		电话号码			

	项目	栏次	一般货物及劳务		即征即退货物及劳务	
			本月数	本年累计	本月数	本年累计
销售额	（一）按适用税率征税货物及劳务销售额	1				
	其中：应税货物销售额	2				
	应税劳务销售额	3				
	纳税检查调整的销售额	4				
	（二）按简易征收办法征税货物销售额	5				
	其中：纳税检查调整的销售额	6				
	（三）免、抵、退办法出口货物销售额	7				
	（四）免税货物及劳务销售额	8				
	其中：免税货物销售额	9				
	免税劳务销售额	10				

续表

<table>
<tr><th colspan="2" rowspan="2">项　目</th><th rowspan="2">栏 次</th><th colspan="2">一般货物及劳务</th><th colspan="2">即征即退货物及劳务</th></tr>
<tr><th>本月数</th><th>本年累计</th><th>本月数</th><th>本年累计</th></tr>
<tr><td rowspan="14">税款计算</td><td>销项税额</td><td>11</td><td></td><td></td><td></td><td></td></tr>
<tr><td>进项税额</td><td>12</td><td></td><td></td><td></td><td></td></tr>
<tr><td>上期留抵税额</td><td>13</td><td></td><td></td><td></td><td></td></tr>
<tr><td>进项税额转出</td><td>14</td><td></td><td></td><td></td><td></td></tr>
<tr><td>免、抵、退货物应退税额</td><td>15</td><td></td><td></td><td></td><td></td></tr>
<tr><td>按适用税率计算的纳税检查应补缴税额</td><td>16</td><td></td><td></td><td></td><td></td></tr>
<tr><td>应抵扣税额合计</td><td>17 = 12 + 13 − 14 − 15 + 16</td><td></td><td></td><td></td><td></td></tr>
<tr><td>实际抵扣税额</td><td>18（如17 < 11则为17，否则为11）</td><td></td><td></td><td></td><td></td></tr>
<tr><td>应纳税额</td><td>19 = 11 − 18</td><td></td><td></td><td></td><td></td></tr>
<tr><td>期末留抵税额</td><td>20 = 17 − 18</td><td></td><td></td><td></td><td></td></tr>
<tr><td>按简易征收办法计算的应纳税额</td><td>21</td><td></td><td></td><td></td><td></td></tr>
<tr><td>按简易征收办法计算的纳税检查应补缴税额</td><td>22</td><td></td><td></td><td></td><td></td></tr>
<tr><td>应纳税额减征额</td><td>23</td><td></td><td></td><td></td><td></td></tr>
<tr><td>应纳税额合计</td><td>24 = 19 + 21 − 23</td><td></td><td></td><td></td><td></td></tr>
<tr><td rowspan="7">税款缴纳</td><td>期初未缴税额（多缴为负数）</td><td>25</td><td></td><td></td><td></td><td></td></tr>
<tr><td>实收出口开具专用缴款书退税额</td><td>26</td><td></td><td></td><td></td><td></td></tr>
<tr><td>本期已缴税额</td><td>27 = 28 + 29 + 30 + 31</td><td></td><td></td><td></td><td></td></tr>
<tr><td>①分次预缴税额</td><td>28</td><td></td><td></td><td></td><td></td></tr>
<tr><td>②出口开具专用缴款书预缴税额</td><td>29</td><td></td><td></td><td></td><td></td></tr>
<tr><td>③本期缴纳上期应纳税额</td><td>30</td><td></td><td></td><td></td><td></td></tr>
<tr><td>④本期缴纳欠缴税额</td><td>31</td><td></td><td></td><td></td><td></td></tr>
</table>

续表

<table>
<tr><td colspan="2" rowspan="2">项　目</td><td rowspan="2">栏 次</td><td colspan="2">一般货物及劳务</td><td colspan="2">即征即退货物及劳务</td></tr>
<tr><td>本月数</td><td>本年累计</td><td>本月数</td><td>本年累计</td></tr>
<tr><td rowspan="7">税款缴纳</td><td>期末未缴税额（多缴为负数）</td><td>32 = 24 + 25 + 26 − 27</td><td></td><td></td><td></td><td></td></tr>
<tr><td>其中：欠缴税额（≥0）</td><td>33 = 24 − 28 − 29</td><td></td><td></td><td></td><td></td></tr>
<tr><td>本期应补（退）税额</td><td>34 = 24 − 28 − 29</td><td></td><td></td><td></td><td></td></tr>
<tr><td>即征即退实际退税额</td><td>35</td><td></td><td></td><td></td><td></td></tr>
<tr><td>期初未缴查补税额</td><td>36</td><td></td><td></td><td></td><td></td></tr>
<tr><td>本期入库查补税额</td><td>37</td><td></td><td></td><td></td><td></td></tr>
<tr><td>期末未缴查补税额</td><td>38 = 16 + 22 + 36 − 37</td><td></td><td></td><td></td><td></td></tr>
<tr><td>授权声明</td><td colspan="2">如果你已委托代理人申报，请填写以下资料：
为代理一切税务事实，现授权
（地址）　　为本纳税义务人的代理申报人，任何与本申报表有关的往来文件，都可寄予此人
授权人签字：</td><td>申报人声明</td><td colspan="3">此纳税申报表是根据《中华人民共和国增值税暂行条例》的规定填报的，我相信它是真实的、可靠的、完整的
声明人签字：</td></tr>
</table>

以下由税务机关填写：

收到日期：　　　　　　　　接收人：　　　　　　　　主管税务机关盖章：

增值税纳税申报表（适用于增值税一般纳税人）填报说明

本申报表适用于增值税一般纳税人填报。增值税一般纳税人销售按简易办法缴纳增值税的货物，也使用本表。

1. 本表“税款所属时间”是指纳税人申报的增值税应纳税额的所属期间，应填写具体的起止年、月、日。

2. 本表“填表日期”指纳税人填写本表的具体日期。

3. 本表“纳税人识别号”栏，填写税务机关为纳税人确定的识别号，即税务登记号码。

4. 本表“所属行业”栏，按照国民经济行业分类与代码中的最细项（小类）进行填写。

5. 本表“纳税人名称”栏，填写纳税人单位名称全称，不得填写简称，应加盖纳税人单位公章。

6. 本表“法定代表人姓名”栏，填写纳税人法人代表的姓名。

7. 本表“注册地址”栏，填写纳税人注册地的详细地址。

8. 本表“营业地址”栏，填写纳税人营业地的详细地址。

9. 本表“开户银行及账号”栏，填写纳税人开户银行的名称和纳税人在该银行的结算账户号码。

10. 本表“企业登记注册类型”栏，按税务登记证填写。

11. 本表“电话号码”栏，填写纳税人注册地和经营地的电话号码。

12. 本表第1项“按适用税率征税货物及劳务销售额”栏数据，填写纳税人本期按适用税率缴纳增值税的应税货物和应税劳务的销售额（销售退回的销售额用负数表示）。

包括在财务上不作销售但按税法规定应缴纳增值税的视同销售货物和价外费用销售额，以及外贸企业作价销售进料加工复出口的货物。“一般货物及劳务”的“本月数”栏数据与“即征即退货物及劳务”的“本月数”栏数据之和，应等于增值税纳税申报表附列资料（表一）第7栏的“小计”’中的“销售额”数。“本年累计”栏数据，应为年度内各月数之和。

13. 本表第2项“应税货物销售额”栏数据，填写纳税人本期按适用税率缴纳增值税的应税货物的销售额（销货退回的销售额用负数表示）。包括在财务上不作销售但按税法规定应缴纳增值税的视同销售货物和价外费用销售额，以及外贸企业作价销售进料加工复出口的货物。“一般货物及劳务”的“本月数”栏数据与“即征即退货物及劳务”的“本月数”栏数据之和，应等于增值税纳税申报表附列资料（表一）第5栏的“应税货物”中17%税率“销售额”与13%税率“销售额”的合计数。“本年累计”栏数据，应为年度内各月数之和。

14. 本表第3项“应税劳务销售额”栏数据，填写纳税人本期按适用税率缴纳增值税的应税劳务的销售额。“一般货物及劳务”的“本月数”栏数据与“即征即退货物及劳务”的“本月数”栏数据之和，应等于增值税纳税申报表附列资料（表一）第5栏的“应税劳务”中的“销售额”数。“本年累计”栏数据，应为年度内各月数之和。

15. 本表第4项“纳税检查调整的销售额”栏数据，填写纳税人本期因税务、财政、审计部门检查并按适用税率计算调整的应税货物和应税劳务的销售额。但享受即征即退税收优惠政策的货物及劳务经税务稽查发现偷税的，不得填入“即征即退货物及劳务”部分，而应将本部分销售额在“一般货物及劳务”中反映。“一般货物及劳务”的“本月数”栏数据与“即征即退货物及劳务”的“本月数”栏数据之和，应等于增值税纳税申报表附列资料（表一）第6栏的

“小计”中的“销售额”数。“本年累计”栏数据，应为年度内各月数之和。

16. 本表第 5 项“按简易征收办法征税货物销售额”栏数据，填写纳税人本期按简易征收办法缴纳增值税货物的销售额（销货退回的销售额用负数表示）。包括税务、财政、审计部门检查并按简易征收办法计算调整的销售额。“一般货物及劳务”的“本月数”栏数据与“即征即退货物及劳务”的“本月数”栏数据之和，应等于增值税纳税申报表附列资料（表一）第 14 栏的“小计”中的“销售额”数。“本年累计”栏数据，应为年度内各月数之和。

17. 本表第 6 项“纳税检查调整的销售额”栏数据，填写纳税人本期因税务、财政、审计部门检查并按简易征收办法计算调整的销售额。但享受即征即退税收优惠政策的货物及劳务经税务稽查发现偷税的，不得填入“即征即退货物及劳务”部分，而应将本部分销售额在“一般货物及劳务”中反映。“一般货物及劳务”的“本月数”栏数据与“即征即退货物及劳务”的“本月数”栏数据之和，应等于增值税纳税申报表附列资料（表一）第 13 栏的“小计”中的“销售额”数。“本年累计”栏数据，应为年度内各月数之和。

18. 本表第 7 项“免、抵、退办法出口货物销售额”栏数据，填写纳税人本期执行免、抵、退办法出口货物销售额（销货退回的销售额用负数表示）。“本年累计”栏数据，应为年度内各月数之和。

19. 本表第 8 项“免税货物及劳务销售额”栏数据，填写纳税人本期按照税法规定直接免征增值税的货物、劳务的销售额、适用零税率的货物及劳务的销售额（销货退回的销售额用负数表示），但不包括适用免、抵、退办法出口货物销售额。“一般货物及劳务”的“本月数”栏数据，应等于增值税纳税申报表附列资料（表一）第 18 栏的“小计”中的“销售额”数。“本年累计”栏数据，应为年度内各月数之和。

20. 本表第 9 项“免税货物销售额”栏数据，填写纳税人本期按照税法规定直接免征增值税的货物的销售额及适用零税率货物的销售额（销货退回的销售额用负数表示），但不包括适用免、抵、退办法出口货物销售额。“一般货物及劳务”的“本月数”栏数据，应等于增值税纳税申报表附列资料（表一）第 18 栏的“免税货物”中的“销售额”数。“本年累计”栏数据，应为年度内各月数之和。

21. 本表第 10 项“免税劳务销售额”栏数据，填写纳税人本期按照税法规定直接免征增值税的劳务的销售额及适用零税率劳务的销售额（销货退回的销售额用负数表示）。“一般货物及劳务”的“本月数”栏数据，应等于增值税纳税申报表附列资料（表一）第18栏的“免税劳务”中的“销售额”数。“本年累计”栏数据，应为年度内各月数之和。

22. 本表第11项“销项税额”栏数据，填写纳税人本期按适用税率计征的销项税额。该数据应与“应交税费——应交增值税”明细科目贷方“销项税额”专栏本期发生数一致。“一般货物及劳务”的“本月数”栏数据与“即征即退货物及劳务”的“本月数”栏数据之和，应等于增值税纳税申报表附列资料（表一）第7栏的“小计”中的“销项税额”数。“本年累计”栏数据，应为年度内各月数之和。

23. 本表第12项“进项税额”栏数据，填写纳税人本期申报抵扣的进项税额。该数据应与“应交税费——应交增值税”明细科目借方“进项税额”专栏本期发生数一致。“一般货物及劳务”的“本月数”栏数据与“即征即退货物及劳务”的“本月数”栏数据之和，应等于增值税纳税中报表附列资料（表二）第12栏中的“税额”数。“本年累计”栏数据，应为年度内各月数之和。

24. 本表第13项“上期留抵税额”栏数据，为纳税人前一期申报的“期末留抵税额”数，该数据应与“应交税费——应交增值税”明细科目借方月初余额一致。

25. 本表第14项“进项税额转出”栏数据，填写纳税人已经抵扣但按税法规定应作进项税额转出的进项税额总数，不包括销售折扣、折让，进货退出等应负数冲减当期进项税额的数额。该数据应与“应交税费——应交增值税”明细科目贷方“进项税额转出”专栏本期发生数一致。“一般货物及劳务”的“本月数”栏数据与“即征即退货物及劳务”的“本月数”栏数据之和，应等于增值税纳税申报表附列资料（表二）第13栏的“税额”数。“本年累计”栏数据，应为年度内各月数之和。

26. 本表 第15项“免、抵、退货物应退税额”栏数据，填写退税机关按照出口货物免、抵、退办法审批的应退税额。“本年累计”栏数据，应为年度内各月数之和。

27. 本表第16项“按适用税率计算的纳税检查应补缴税额”栏数据，填写纳税人本期因税务、财政、审计部门检查并按适用税率计算的纳税检查补缴税额。“本年累计”栏数据，应为年度内各月数之和。

28. 本表第17项“应抵扣税额合计”栏数据，填写纳税人本期应抵扣进项税额的合计数。

29. 本表第18项“实际抵扣税额”栏数据，填写纳税人本期实际抵扣的进项税额。“本年累计”栏数据，应为年度内各月数之和。

30. 本表第19项“应纳税额”栏数据，填写纳税人本期按适用税率计算并应缴纳的增值税税额。“本年累计”栏数据，应为年度内各月数之和。

31. 本表第20项“期末留抵税额”栏数据，填写纳税人本期销项税额中尚未抵扣完，留待下期继续抵扣的进项税额。该数据应与“应交税费——应交增值税”明细科目借方月末余额一致。

32. 本表第21项“按简易征收办法计算的应纳税额”栏数据，填写纳税人本期按简易征收办法计算并应缴纳的增值税额，但不包括按简易征收办法计算的纳税检查应补缴税额。“一般货物及劳务”的“本月数”栏数据与“即征即退货物及劳务”的“本月数”栏数据之和，应等于增值税纳税申报表附列资料（表一）第12栏的“小计”的“应纳税额”数。“本年累计”栏数据，应为年度内各月数之和。

33. 本表第22项“按简易征收办法计算的纳税检查应补缴税额”栏数据，填写纳税人本期因税务、财政、审计部门检查并按简易征收办法计算的纳税检查补缴税额。“一般货物及劳务”的“本月数”栏数据与“即征即退货物及劳务”的“本月数”栏数据之和，应等于增值税纳税申报表附列资料（表一）第13栏的“小计”的“应纳税额”数。“本年累计”栏数据，应为年度内各月数之和。

34. 本表第23项“应纳税额减征额”栏数据，填写纳税人本期按照税法规定减征的增值税应纳税税额 。

35. 本表第24项“应纳税额合计”栏数据，填写纳税人本期应缴增值税的合计数。“本年累计”栏数据，应为年度内各月数之和。

36. 本表第25项“期初未缴税额（多缴为负数）”栏数据，为纳税人前一申报期的“期末未缴税额（多缴为负数）”。

37. 本表第26项“实收出口开具专用缴款书退税额”栏数据，填写纳税人本期实际收到税务机关退回的，因开具“出口货物税收专用缴款书”而多缴的增值税税额。该数据应根据“应交税费——应交增值税”明细科目贷方本期发生额中“收到税务机关退回的多缴增值税税款”数据填列。“本年累计”栏数据，应为年度内各月数之和。

38. 本表第27项“本期已缴税额”栏数据，是指纳税人本期实际缴纳的增值税税额，但不包括本期入库的查补税额。“本年累计”栏数据，应为年度内各月数之和。

39. 本表第28项“①分次预缴税额”栏数据，填写纳税人本期分次预缴的增值税税额。

40. 本表第29项“②出口开具专用缴款书预缴税额”栏数据，填写纳税人本期销售出口货物而开具专用缴款书向主管税务机关预缴的增值税税额。

41. 本表第30项“③本期缴纳上期应纳税额”栏数据，填写纳税人本期上缴上期应缴未缴的增值税税款，包括缴纳上期按简易征收办法计提的应缴未缴的增值税税额。“本年累计”栏数据，应为年度内各月数之和。

42. 本表第31项“④本期缴纳欠缴税额”栏数据，填写纳税人本期实际缴纳的增值税欠税额，但不包括缴纳入库的查补增值税税额。“本年累计”栏数据，应为年度内各月数之和。

43. 本表第32项“期末未缴税额（多缴为负数）”栏数据，为纳税人本期期末应缴未缴的增值税税额，但不包括纳税检查应缴未缴的税额。“本年累计”栏数据，应为年度内各月数之和。

44. 本表第33项“欠缴税额（≥0）”栏数据，为纳税人按税法规定已形成欠税的数额。

45. 本表第34项“本期应补（退）税额”栏数据，为纳税人本期应纳税额中应补缴或应退回的数额。

46. 本表第35项“即征即退实际退税额”栏数据，填写纳税人本期因符合增值税即征即退优惠政策规定，而实际收到的税务机关返还的增值税税额。“本年累计”栏数据，应为年度内各月数之和。

47. 本表第36项“期初未缴查补税额”栏数据，为纳税人前一申报期的“期末未缴查补税额”。该数据与本表第25项“期初未缴税额（多缴为负数）”栏数据之和，应与“应交税费——应交增值税”明细科目期初余额一致。“本年累计”栏数据，应填写纳税人上年度末的“期末未缴查补税额”数。

48. 本表第37项“本期入库查补税额”栏数据，填写纳税人本期因税务、财政、审计部门检查而实际入库的增值税款，包括按适用税率计算并实际缴纳的查补增值税税款和按简易征收办法计算并实际缴纳的查补增值税税款。“本年累计”栏数据，应为年度内各月数之和。

49. 本表第38项“期末未缴查补税额”栏数据，为纳税人纳税检查本期期末应缴未缴的增值税税额。该数据与本表第32项“期末未缴税额（多缴为负数）”栏数据之和，应与“应交税费——应交增值税”明细科目期初余额一致。“本年累计”栏数据，与“本月数”栏数据相同。

增值税纳税申报表附列资料（附列表一）

（本期销售情况明细）

税款所属时间：　年　月

纳税人名称：　　　　（公章）　　填表日期：　年　月　日　　金额单位：元（列至角分）

一、按适用税率征收增值税货物及劳务的销售额和销项税额明细

项目	栏次	应税货物						应税劳务			小计		
		17%税率			13%税率								
		份数	销售额	销项税额	份数	销售额	销项税额	份数	销售额	销项税额	份数	销售额	销项税额
防伪税控系统开具的增值税专用发票	1												
非防伪税控系统开具的增值税专用发票	2												
开具普通发票	3												
未开具发票	4	—			—			—			—		
小计	5 = 1 + 2 + 3 + 4	—			—			—			—		
纳税检查调整	6	—			—			—			—		
合计	7 = 5 + 6	—			—			—			—		

二、简易征收办法征收增值税货物的销售额和应纳税额明细

项目	栏次	6%征收率			4%征收率			小计		
		份数	销售额	应纳税额	份数	销售额	应纳税额	份数	销售额	应纳税额
防伪税控系统开具的增值税专用发票	8									
非防伪税控系统开具的增值税专用发票	9									

续表

二、简易征收办法征收增值税货物的销售额和应纳税额明细										
项　目	栏　次	6%征收率			4%征收率			小　计		
		份数	销售额	应纳税额	份数	销售额	应纳税额	份数	销售额	应纳税额
开具普通发票	10									
未开具发票	11	—			—			—		
小　计	12 = 8 + 9 + 10 + 11	—			—			—		
纳税检查调整	13	—			—			—		
合　计	14 = 12 + 13	—			—			—		

三、免征增值税货物及劳务的销售额明细										
项　目	栏　次	免税货物			免税劳务			小　计		
		份数	销售额	税额	份数	销售额	税额	份数	销售额	税额
防伪税控系统开具的增值税专用发票	15				—	—	—			
开具普通发票	16			—			—			—
未开具发票	17	—		—	—		—	—		—
合　计	18 = 15 + 16 + 17	—			—		—	—		

注：（1）第1、8、15栏均包含机动车销售统一发票数据；

（2）第2、9栏“非防伪税控系统开具的增值税专用发票”不再填写。

增值税纳税申报表附列资料（附列表一）填报说明

1．本表“税款所属时间”指纳税人申报的增值税应纳税额的所属时间，应填写具体的起止年、月。

2．本表“填表日期”指纳税人填写本表的具体日期。

3．本表“纳税人名称”指应加盖纳税人单位公章。

4．本表“一、按适用税率征收增值税货物及劳务的销售额和销项税额明细”和“二、简易征收办法征收增值税货物的销售额和应纳税额明细”部分中“防伪税控系统开具的增值税专用发票”、“非防伪税控系统开具的增值税专用发票”、“开具普通发票”、“未开具发票”各栏数据均应包括销货退回或折让、视同销售货物、价外费用的销售额和销项税额，但不包括免税货物及劳务的销售额，适用零税率货物及劳务的销售额和出口执行免、抵、退办法的销售额以及税务、财政、审计部门检查并调整的销售额、销项税额或应纳税额。

5．本表“一、按适用税率征收增值税货物及劳务的销售额和销项税额明细”和“二、简易征收办法征收增值税货物的销售额和应纳税额明细”部分中“纳税检查调整”栏数据应填写纳税人本期因税务、财政、审计部门检查计算调整的应税货物、应税劳务的销售额、销项税额或应纳税额。

6．本表“三、免征增值税货物及劳务的销售额明细”部分中“防伪税控系统开具的增值税专用发票”栏数据，填写本期因销售免税货物而使用防伪税控系统开具的增值税专用发票的份数、销售额和税额，包括国有粮食收储企业销售的免税粮食、政府储备食用植物油等。

增值税纳税申报表附列资料（附列表二）

（本期进项税额明细）

税款所属时间：　年　月

纳税人名称：　　　　　　填表日期：　年　月　日　金额单位：元（列至角分）

一、申报抵扣的进项税额				
项　　目	栏次	份数	金额	税额
（一）认证相符的防伪税控增值税专用发票	1			
其中：本期认证相符且本期申报抵扣	2			
前期认证相符且本期申报抵扣	3			
（二）非防伪税控增值税专用发票及其他扣税凭证	4			
其中：海关进口增值税专用缴款书	5			
农产品收购凭证或者销售发票	6			
废旧物资发票	7			
运输费用结算单据	8			
6%征收率	9			
4%征收率	10			
（三）外贸企业进项税额抵扣证明	11	—	—	
当期申报抵扣进项税额合计	12			
二、进项税额转出额				
项　　目	栏次	份数	金额	税额
本期进项税额转出额	13			
其中：免税货物用	14			
非应税项目用、集体福利、个人消费	15			
非正常损失	16			

续表

项　　目	栏次	份数	金额	税额
按简易征收办法征税货物用	17			
免、抵、退税办法出口货物不得抵扣进项税额	18			
纳税检查调减进项税额	19			
未经认证已抵扣的进项税额	20			
红字专用发票通知单注明的进项税额	21			
三、待抵扣进项税额				
（一）认证相符的防伪税控增值税专用发票	22	—	—	
期初已认证相符但未申报抵扣	23			
本期已认证相符且本期未申报抵扣	24			
期末已认证相符但未申报抵扣	25			
其中：按照税法规定不允许抵扣	26			
（二）非防伪税控增值税专用发票及其他扣税凭证	27			
其中：海关进口增值税专用缴款书	28			
农产品收购发票或者销售发票	29			
废旧物资发票	30			
运输费用结算单据	31			
6%征收率	32			
4%征收率	33			
	34			
四、其　　他				
项　　目	栏次	份数	金额	税额
本期认证相符的全部防伪税控增值税专用发票	35			

续表

项　　目	栏次	份数	金额	税额
期初已征税款挂账额	36	—	—	
期初已征税款余额	37	—	—	
代扣代缴税额	38	—	—	

注：第1栏=第2栏+第3栏=第23栏+第35栏-第25栏；第2栏=第35栏-第24栏；第3栏=第23栏+第24栏-第25栏；第4栏=第5栏至第10栏之和；第12栏=第1栏+第4栏+第11栏；第13栏=第14栏至第21栏之和；第27栏=第28栏至第34栏之和。

增值税纳税申报表附列资料（附列表二）填报说明

1．第1~3、22~26、35栏均包含机动车销售统一发票和税务机关代开的增值税专用发票数据。

2．第3栏“前期认证相符且本期申报抵扣”。与第23栏“期初已认证相符但未申报抵扣”加第24栏“本期已认证相符且本期未申报抵扣”减第25栏“期末已认证相符但未申报抵扣”后数据相等。

3．辅导期纳税人第5栏填写本月税务机关告知的稽核比对结果通知书及其明细清单注明的稽核相符海关进口增值税专用缴款书、核查结果中允许抵扣的海关进口增值税专用缴款书的份数、金额、税额。

4．辅助期纳税人第8栏填写税务机关告知的稽核比对结果通知书及其明细清单注明的稽核相符运输费用结算单据、核查结果中允许抵扣的运输费用结算单据的份数、金额、税额。

5．自2009年5月1日起，第7栏“废旧物资发票”不再填写。

6．第9栏“6%征收率”及第10栏“4%征收率”不再填写。

7．第11栏“税额”栏填写税务机关出口退税部门开具的外贸企业出口视同内销征税货物进项税额抵扣证明允许抵扣的进项税额。

8．第15栏填写用于非增值税应税项目、集体福利或者个人消费的货物或者应税劳务转出的进项税额。

9．第21栏填写纳税人按照主管税务机关开具的开具红字增值税专用发票通知单中“需要做进项税额转出”的税额。

10. 第23栏填写前期认证相符、但按照税法规定暂不予抵扣、结存至本期的防伪税控增值税专用发票和机动车销售统一发票，辅助期纳税人认证相符但未收到稽核比对结果的防伪税控增值税专用发票和机动车销售统一发票月初余额数。该项应与上期“期末已认证相符但未申报抵扣”栏数据相等。

11. 第24栏填写为截至本期期末、按照税法规定仍暂不予抵扣及按照税法规定不允许抵扣且已认证相符的防伪税控增值税专用发票和机动车销售统一发票情况；辅导期纳税人填写已认证相符但未收到稽核比对结果的防伪税控增值税专用发票和机动车销售统一发票月末余额数。

12. 第26栏“其中：按照税法规定不允许抵扣”，填写期末已认证相符但未申报抵扣的防伪税控增值税专用发票和机动车销售统一发票中，按照税法规定不允许抵扣，而只能作为出口退税凭证或应列入成本、资产等项目的防伪税控增值税专用发票和机动车销售统一发票，包括外贸出口企业用于出口而采购货物的防伪税控增值税专用发票等。

13. 辅导期纳税人第28栏填写本月未收到稽核比对结果的海关进口增值税专用缴款书。

14. 自2009年5月1日起，第30栏“废旧物资发票”不再填写。

15. 辅导期纳税人第31栏填写本月未收到稽核比对结果的运输费用结算单据数据。

16. 第32栏“6%征收率”及第33栏“4%征收率”不再填写。

17. 第38栏“代扣代缴税额”项指标的填写依据为《中华人民共和国增值税暂行条例》第十八条。

18. 增值税纳税申报表附列资料（附列表二）所称的“本期进项税额明细”均包括固定资产进项税额。

2. 营业税纳税申报

营业税纳税申报表

填表日期：　年　月　日

纳税人识别号：　　　　　　　　　　　　　　　　金额单位：元（列至角分）

<table>
<tr><td colspan="3">纳税人名称</td><td colspan="4"></td><td colspan="2">税款所属期</td><td colspan="3"></td></tr>
<tr><td rowspan="2">税目</td><td rowspan="2">经营项目</td><td colspan="5">营业额</td><td rowspan="2">税率</td><td colspan="4">本期</td></tr>
<tr><td>全部收入</td><td>不征税项目</td><td>减除项目</td><td>减免税项目</td><td>应税营业额</td><td>应纳税额</td><td>减免税额</td><td>已纳税额</td><td>应补（退）额</td></tr>
<tr><td>1</td><td>2</td><td>3</td><td>4</td><td>5</td><td>6</td><td>7=3-4-5-6</td><td>8</td><td>9=7×8</td><td>10=6×8</td><td>11</td><td>12</td></tr>
<tr><td></td><td></td><td></td><td></td><td></td><td></td><td></td><td></td><td></td><td></td><td></td><td></td></tr>
<tr><td></td><td></td><td></td><td></td><td></td><td></td><td></td><td></td><td></td><td></td><td></td><td></td></tr>
<tr><td></td><td></td><td></td><td></td><td></td><td></td><td></td><td></td><td></td><td></td><td></td><td></td></tr>
<tr><td colspan="2">合计</td><td></td><td></td><td></td><td></td><td></td><td></td><td></td><td></td><td></td><td></td></tr>
</table>

<table>
<tr><td colspan="2">如纳税人填报，由纳税人填写以下各栏</td><td colspan="4">如委托代理人填报，由代理人填写以下各栏</td><td>备注</td></tr>
<tr><td rowspan="3">会计主管
（签章）</td><td rowspan="3">纳税人
（公章）</td><td>代理人名称</td><td></td><td colspan="2" rowspan="2">代理人
（公章）</td><td rowspan="3"></td></tr>
<tr><td>代理人地址</td><td></td></tr>
<tr><td>经办人</td><td></td><td>电话</td><td></td></tr>
<tr><td colspan="7">以下由税务机关填写</td></tr>
<tr><td colspan="2">收到申报表日期</td><td colspan="2"></td><td>接收人</td><td colspan="2"></td></tr>
</table>

营业税纳税申报表填报说明

本表适用于营业税纳税义务人填报。

1. 本表第3栏“全部收入”指纳税人的全部收入。

2. 本表第4栏“不征税项目”指税法规定的不属于营业税征税范围的营业额。

3. 本表第5栏“减除项目”指税法规定允许从营业收入中扣除的项目的营业额。

4. 本表第6栏“减免税项目”指税法规定的减免税项目的营业额。

3. 个人所得税纳税申报

扣缴个人所得税报告表

填表日期：　年　月　日　　　　　　　　　　　　　　　金额单位：人民币（元）

纳税人识别号：

根据《中华人民共和国个人所得税法》第九条的规定制定本表，扣缴义务人应将本月扣缴的税款在次月7日内缴入国库，并向当地税务机关报送本表。

扣缴义务人名称		地址		电话	

纳税义务人姓名	纳税人识别号	工作单位及地址	所得项目	所得期间	收入额						减费用额	应纳税所得额	税率	速算扣除数	扣缴所得税额	完税证号	纳税日期
					人民币	外币				人民币合计							
						货币名称	金额	外汇牌价	折合人民币								

如果由扣缴义务人填写完税证，应在报送此表时附完税证副联__________份

扣缴义务人声明	我声明，此扣缴申报表是根据《中华人民共和国个人所得税法》的规定填报的，我确信它是真实的、可靠的、完整的 声明人签字：__________

会计主管人签字：　　　　　　　负责人签字：　　　　　　扣缴单位（或个人）盖章：

以下由税务机关填写

收到申报日期		接收人		审核日期	
审核记录		主管税务机关（公章）： 主管税务官员签字：			

个人所得税纳税申报表

（适用于年所得 12 万元以上的纳税人申报）

所得年份：　　年　　　　填表日期：　年　月　日　　　　金额单位：元（列至角分）

纳税人姓名		国籍（地区）		身份证照类型		身份证照号码			
任职、受雇单位		任职、受雇单位税务代码		任职、受雇单位所属行业		职　务		职　业	
在华天数		境内有效联系地址				境内有效联系地址邮编		联系电话	
此行由取得经营所得的纳税人填写	经营单位纳税人识别号					经营单位纳税人名称			

所　得　项　目	年所得额			应纳税所得额	应纳税额	已缴（扣）税额	抵扣税额	减免税额	应计税额	应退税额	备注
	境内	境外	合计								
1. 工资、薪金所得											
2. 个人工商户的生产、经营所得											
3. 对企事业单位的承包经营、承租经营所得											
4. 劳务报酬所得											
5. 稿酬所得											

续表

所　得　项　目	年所得额			应纳税所得额	应纳税额	已缴（扣）税额	抵扣税额	减免税额	应计税额	应退税额	备注
	境内	境外	合计								
6．特许权使用费所得											
7．利息、股息、红利所得											
8．财产租赁所得											
9．财产转让所得											
其中：股票转让所得											
个人房屋转让所得											
10．偶然所得											
11．其他所得											
合　计											
我声明：此纳税申报表是根据《中华人民共和国个人所得税法》及有关法律、法规的规定填报的，我保证它是真实的、可靠的、完整的 纳税人（签字）：											
代理人（签章）：　　联系电话：											

税务机关受理人（签字）：　　税务机关受理时间：　年　月　日

受理申报税务机关名称（盖章）：

个人所得税纳税申报表填报说明

1. 本表根据《中华人民共和国个人所得税法》及其实施条例和《个人所得税自行纳税申报办法（试行)》制定，适用于年报得12万元以上纳税人的年度自行申报。

2. 负有纳税义务的个人，可以由本人或者委托他人于纳税年度终了后3个月以内向主管税务机关报送本表。不能按照规定期限报送本表时，应当在规定的报送期限内提出申请，经当地税务机关批准，可以适当延期。

3. 填写本表应当使用中文，也可以同时用中、外两种文字填写。

4. 本表各栏的填写说明如下：

(1) 所得年份和填表日期：

申报所得年份：填写纳税人实际取得所得的年度；

填表日期：填写纳税人办理纳税申报的实际日期。

(2) 身份证照类型：

填写纳税人的有效身份证照（居民身份证、军人身份证件、护照、回乡证等）名称。

(3) 身份证照号码：

填写中国居民纳税人的有效身份证照上的号码。

(4) 任职、受雇单位：

填写纳税人的任职、受雇单位名称。纳税人有多个任职、受雇单位时，填写受理申报的税务机关主管的任职、受雇单位。

(5) 任职、受雇单位税务代码：

填写受理申报的任职、受雇单位在税务机关办理税务登记或者扣缴登记的编码。

(6) 任职、受雇单位所属行业：

填写受理申报的任职、受雇单位所属的行业。其中，行业应按国民经济行业分类标准填写，一般填至大类。

(7) 职务：

填写纳税人在受理申报的任职、受雇单位所担任的职务。

(8) 职业：

填写纳税人的主要职业。

(9) 在华天数：

由中国境内无住所的纳税人填写在税款所属期内在华实际停留的总天数。

(10) 中国境内有效联系地址：

填写纳税人在住址或者有效联系地址。其中，中国有住所的纳税人应填写其经常居住地址。中国境内无住所居民住在公寓、宾馆、饭店的，应当填写公寓、宾馆、饭店名称和房间号码。

(11) 经营单位纳税人识别号、纳税人名称：

纳税人取得的年所得中含个体工商户的生产、经营所得和对企事业单位的承包经营、承租经营所得时填写本栏。

纳税人识别号：填写税务登记号码。

纳税人名称：填写个体工商户、个人独资企业、合伙企业名称，或者承包承租经营的企事业单位名称。

(12) 年所得额：

填写在纳税年度内取得相应所得项目的收入总额。年所得额按《个人所得税自行纳税申报办法》的规定计算。

各项所得的计算，以人民币为单位。所得以非人民币计算的，按照税法实施条例第四十三条的规定折合成人民币。

(13) 应纳税所得额：

填写按照个人所得税有关规定计算的应当缴纳个人所得税的所得额。

(14) 已缴（扣）税额：

填写取得该项目所得在中国境内已经缴纳或者扣缴义务人已经扣缴的税款。

(15) 抵扣税额：

填写个人所得税法允许抵扣的在中国境外已经缴纳的个人所得税税额。

(16) 减免税额：

填写个人所得税法允许减征或免征的个人所得税税额。

(17) 本表为 A4 模式，一式两联，第一联报税务机关，第二联纳税人留存。

4. 企业所得税纳税申报

企业所得税年度纳税申报表

纳款所属期间：　　年　月　日至　年　月　日

纳税人识别号：

纳税人名称：　　　　　　　　　　　　　　　　金额单位：元（列至角分）

类别	行次	项　　目	金　额
收入总额	1	一、营业收入（填附表一）	
	2	减：营业成本（填附表二）	
	3	营业税金及附加	
	4	销售费用（填附表二）	
	5	管理费用（填附表二）	
	6	财务费用（填附表二）	
	7	资产减值损失	
	8	加：公允价值变动收益	
	9	投资收益	
	10	二、营业利润	
	11	加：营业外收入（填附表一）	
	12	减：营业外支出（填附表二）	
	13	三、利润总额（10+11-12）	
应纳税所得额计算	14	加：纳税调整增加额（填附表三）	
	15	减：纳税调整减少额（填附表三）	
	16	其中：不征税收入	
	17	免税收入	
	18	减计收入	

续表

类别	行次	项　　目	金　　额
应纳税所得额计算	19	减、免税项目所得	
	20	加计扣除	
	21	抵扣应纳税所得额	
	22	加：境外应税所得弥补境内亏损	
	23	纳税调整后所得（13+14-15+22）	
	24	减：弥补以前年度亏损（填附表四）	
	25	应纳税所得额（23-24）	
应纳税额计算	26	税率（25%）	
	27	应纳所得税额（25×26）	
	28	减：减免所得税额（填附表五）	
	29	减：抵免所得税额（填附表五）	
	30	（实际）应纳税额（27-28-29）	
	31	加：境外所得应纳所得税额（填附表六）	
	32	减：境外所得抵免所得税额（填附表六）	
	33	（境内外）实际应纳所得税额（30+31-32）	
	34	减：本年累计实际已预缴的所得税额	
	35	其中：汇总纳税的总机构分摊预缴的税额	
	36	汇总纳税的总机构财政调库存预缴的税额	
	37	汇总纳税的总机构所属分支机构分摊的预缴税额	
	38	合并纳税（母子体制）成员企业就地预缴比例	
	39	合并纳税企业就地预缴的所得税额	
	40	本年应补（退）的所得税额（33-34）	

续表

<table>
<tr><th>类别</th><th>行次</th><th>项　　目</th><th>金　　额</th></tr>
<tr><td rowspan="2">附列资料</td><td>41</td><td>以前年度多缴的所得税额在本年抵减额</td><td></td></tr>
<tr><td>42</td><td>以前年度应缴未缴在本年入库存所得税额</td><td></td></tr>
<tr><td colspan="2">纳税人公章：

经办人：
申报日期：　年　月　日</td><td>代理申报中介机构公章：

经办人及执业证件号码：
代理申报日期：　年　月　日</td><td>主管税务机关受理专用章：

受理人：
受理日期：　年　月　日</td></tr>
</table>

企业所得税年度纳税申报表填报说明

本表适用除外商投资企业和外国企业以外的所有企业。

1. 企业在年度终了报送本表的同时，应报送财务会计报表，包括年度资产负债表、利润表、成本表及其他有关附表；附送详细的与申报年度所得税有关的财务、成本、费用、销售等状况的说明材料。

2. 企业无论盈利或亏损，都应当向当地税务机关报送本表，并附送上述所列的有关报表和说明材料。

3. “主营业务收入”包括企业的产品销售收入、商品销售收入净额和企业主要经营收入。

4. “投资收益”是指企业对外投资取得的收入或发生的损失。企业从国外、差别税率地区分回的利润也在该项目反映。

第五章 财务分析与评价文书

一、经济活动分析

（一）概述

经济活动分析是指根据计划、预算、会计、统计和业务核算资料，对某一个单位或部门的经济活动状况进行分析、评价、预测而写出的书面报告。

（二）写作格式

1. 标题

标题通常有两种形式，一种是被分析单位、分析时限、分析内容和文种，另一种是分析的内容和文种。

2. 正文

（1）导语。

通常是开门见山地概括经济活动分析的基本情况。

（2）主体。

主体是全文的核心部分，要运用科学的分析方法，从不同角度进行推导并进行剖析研究。

（3）结尾。

结尾要提出解决问题的意见、建议或措施。

3. 落款

落款包括报告单位或报告人签章和报告日期。

（三）范例

××电力公司2004年年中经济活动分析报告

今年以来，我公司按照集团公司对全年工作的安排部署，突出以安全生产为基础，以市场营销为龙头，进一步强化经营管理，围绕确保完成集团公司下达的各项工作任务，真抓实干，各项工作都取得了较好成绩。现将上半年主要生产经营指标完成情况及下半年需采取的主要措施具体分析如下。

一、地区经济发展情况简要分析

上半年，×市实现国内生产总值×亿元，同比增长×%，其中第一产业增加值×亿元，同比增长×%；第二产业增加值×亿元，同比增长×%；第三产业增加值×亿元，同比增长×%。全社会固定资产投资×亿元，同比增长×%；财政总收入×亿元，同比增长×%。从上半年经济运行情况看，全市经济取得平稳增长，三次产业比重由去年的×：×：×调整为×：×：×，工业经济稳步增长，第三产业发展迅速，产业结构得到进一步优化，经济运行质量明显提高。

今年全市国民经济和社会发展计划确定的经济发展主要预期目标是：国内生产总值增长×%以上，突破×亿元，工业增加值增长×%，力争达到×%，突破×亿元，固定资产投资增长×%以上，突破×亿元。并明确提出为实现上述目标，要着力扩张工业经济总量，推进新型工业化进程，大力加强城镇和交通、水利等基础设施建设，培育新的经济增长点，推动个体私营经济大发展的总体思路，以开展“招商引资，优化投资环境年”为契机，重点抓好×××液态奶、呼×扩建改造、×××进口木材加工等一大批重点项目建设。在上述良好的经济环境下，我公司上半年生产、经营工作取得了较好的成效，预计下半年电、热负荷将有更大的增长，经营形势对完成全年工作十分有利。

二、上半年主要经营指标完成情况（略）

三、主要生产技术指标完成情况及分析

（1）自年初以来，我公司不断加大增供扩销工作力度，调动一切可以调动的积极因素，千方百计扩大市场。根据呼盟地区的实际情况，把稳定现有高耗能和利用优惠电价吸引新建高耗能企业，进一步开发居民用电和商业用电作为重点，抓电量、电费、平均售电单价。一是鼓励本地和外地企业、客商到呼盟投资办厂，根据集团公司制定的优惠政策给予相应的优惠电价，努力搞好优质服务，取得了明显效果。

从用电结构来看，其中大工业电量上升8 891.5万千瓦时，商业用电上升970万千瓦时，趸售电量上升447万千瓦时，非普工业上升352万千瓦时，居民用电量上升278万千瓦时，非居民照明比同期下降124.5万千瓦时。

(2) 售热量实际完成×万百万千焦，比去年同期上升×%，多售热量×万百万千焦。近年来，各地区商品房开发势头良好，直接导致商业用热比例明显上升。各地政府纷纷出台相应政策，为改善环境，美化城市，市区集中供热覆盖区域内不在新建锅炉房，现有锅炉房也逐步取缔，为集中供热发展创造了良好的外部环境，公司不断进行热源点的建设及改造工作，仍跟不上社会供热需求增长的速度。目前供热能力已基本饱和。预计今年年末……

(3) 堵漏增收，责任到人，不断深化线损管理。上半年线损率实际完成8.51%，同比下降0.6%。自我公司稽查局成立以来，加大了查窃电力度，有效地促进了各供电单位的用电管理，配电线损中的管理线损取得了实质性的降低。……

四、安全生产情况及采取的措施

所属各厂局均保持了××天以上的长周期安全生产记录，保持了安全稳定的生产局面，为全年各项工作任务的完成奠定了坚实基础。……

五、主要经营指标完成情况分析

(一) 利润完成情况分析

目标利润、资产负债率完成情况分析。……

上半年，为确保实现年初所确定的目标利润，主要采取了以下主要措施：

(1) 牢固树立过紧日子意识。……

(2) 进一步强化预算管理，加强预算的分析考核工作。……

(3) 修订了《×电力有限责任公司“工效挂钩”考核办法》。……

(4) 深入扎实地开展“财务管理年”活动。……

(5) 狠抓欠费回收。……

(二) 产品销售收入分析（略）

(三) 成本分析（略）

六、资产负债预算分析

资产总额、所有者权益呈良性增长，负债总额有所降低，抗拒风险的能力增强。……

(一) 资产分析：资产质量有所提高，资产结构趋于合理

总资产增加×万元，其中，流动资产增加×万元，增长16.4%，而结构性资

产减少×万元，主要是提取折旧使固定资产净值减少。

（二）负债分析：负债总额有所下降，负债结构有所调整

负债总额减少×万元，其中流动负债增加×万元，增长×%，而长期负债减少×万元，降低了×%。……

七、电网运行情况分析（略）

八、全年指标完成情况预测（略）

九、当前存在的主要问题

（一）经营工作困难依然较多

售电量增长缓慢，且增长量中低电价的高耗能电量和居民生活用电比例越来越大，致使平均售电单价逐年降低，影响经济效益的提高，经测算，上半年因高耗能电量增加影响我公司平均售电单价下降4.09元/千瓦时。随着原材料涨价、职工增资等成本增长因素的增多，以及亏损挂账等方面的原因，导致我公司资金极其紧张，成为困扰生产经营的一个严重问题。

（二）（略）

（三）（略）

十、下半年重点工作及应对措施

(1) 深入落实安全生产责任制，健全安全管理和技术监督体系，强化职工的安全意识，树立以安全保稳定、促发展、增效益的安全观，居安思危，超前防范，扎扎实实地搞好主业、多经、农电的安全工作，巩固安全生产的稳定局面，为各项工作的有序进行奠定基础。

(2) 要进一步强化经营管理，严格工效挂钩考核，进一步挖潜增效，严格控制成本费用支出，加强往来清理工作，调动各方面的积极因素，全面完成集团公司下达的各项生产经营任务。

(3) 全力以赴增供扩销，把开拓电热力市场的工作放在突出重要的位置，保证发、售电量、供热面积的稳步增长，同时加强查窃电（热）和线损的分析和管理工作，保证全年各项生产经营指标的完成。

(4) 抓好三项在建工程的施工进度和质量，确保在9月全部投产，实现电、热市场的大幅度拓展。

(5) 按照投资多元化的原则，千方百计筹措资金和落实银行贷款，确保×××扩建工程下半年开工建设，明年投产发挥效益。

(6) 加强电热费回收工作，完成全年电热费回收率，加快资金周转速度。……

今年是电力体制改革的关键年，做好今年的各项工作，为我公司在新世纪和“十五”期间的改革与发展奠定一个良好基础具有十分重要的现实意义。为实现全年目标，要统一思想、提高认识、转变观念、理清思路、明确方向、坚定信心，加快工作步伐，进一步强化经营管理，大力增供扩销，组织和发动全体干部职工，克服困难、扎实工作，确保全面完成集团公司下达的全年各项工作任务，为集团公司的改革与发展，再创新业绩，再作新贡献。

×××

2004年×月×日

二、财务成本分析报告

（一）概述

财务成本分析报告是企业对内部成本发生的相关环节进行分析总结的文书，从而寻求改善成本的有效途径，以获取成本优势。

（二）写作格式与要点

1. 写作格式

财务成本分析报告一般由标题、受文领导、正文、落款、成文时间等部分组成。财务成本分析报告的基本内容包括以下几项。

（1）融资成本，即企业获取投资而付出的成本。

（2）研发成本，即企业研究开发新产品或新业务而付出的成本。

（3）制造成本，即生产产品所付出的成本。

（4）存货成本，即产品仓储成本和存货成本。

（5）营销成本，即产品营销过程中需要支付的宣传、公关、广告费用。

（6）管理成本，即管理产品所要支付的人力成本、时间成本及日常费用。

（7）财务成本，即进行财务工作需要支付的人力成本、时间成本。

（8）税收成本，即企业盈利需要支付的税收费用。

（9）服务成本，即服务型企业所要支付的产品服务费用。

2. 写作要点

一般企业的财务分析报告都应包括以下几类成本控制的内容。

（1）如何控制资金成本。

①融资期限与资产结构的合理匹配。

②防范与收回坏账的成本。

③应付账款政策的设计与延迟支付。

（2）如何控制存货成本。

①如何制定存货政策。

②零库存的实现条件与注意点。

③存货成本控制的方法。

（3）如何控制营销成本。

（4）如何控制管理成本。

（5）如何控制税收成本。

（三）范例

财务成本分析报告

我公司为响应集团加强成本控制的统一部署，采取各种措施强化内部管理，增收节支。半年来，通过增产增收措施，在提高劳动生产率、加速资金周转、增加盈利方面取得了较好效果。根据我公司的具体情况，现将生产、利润、成本三方面的经济活动进行初步分析。

一、经济指标完成概况

1. 工业总产值

2. 产品产量

3. 全员劳动生产率

4. 产品销售收入

5. 利润：（1）……（2）……（3）……

6. 成本

7. 资金

二、生产任务完成情况表

从产品结构变化看：

从增产比重看：

从完成供货合同看：

三、利润指标分析

1. 产品销售利润因素分析（表十分析）

2. 其他销售利润及营业外支出因素分析（表十分析）

四、成本分析

1. 从万元产值成本指标对比分析说明公司成本升降原因（表十分析）

2. 按产品类别分析单位产品平均材料成本（表十分析）

邯郸钢铁有限公司

2003 年 12 月 23 日

三、公司财务状况分析报告

（一）概述

1. 公司财务状况分析报告的概念

财务分析报告是以会计报表反映出来的各种指标为依据，对本企业某一时期的财务状况及资金变化进行评价并供决策部门查看。它是企业财务管理人员必写的财务管理文书之一。

科学的财务分析报告可以反映出企业的财务运作现状，为高层正确决策提供依据。

2. 公司财务状况分析报告的分类

依据不同的分析对象，可将财务分析报告分为以下几种：

（1）简明分析报告。

一般月末、季末的月度、季度财务分析，多采用简明分析报告，它一般围绕企事业单位的主要经济指标或财务上的重点问题进行分析，以了解该单位财务活动的基本情况、分析其发展趋势并提出和财务管理的改进建议。

（2）专题分析报告。

根据企事业单位加强经营管理的需要，企业要对某些重大政策性问题、经济措施或某些薄弱环节进行专门调查和分析，及时解决财务问题，并采取切实可行的措施，改进财务管理工作。

（3）综合分析报告。

在一个季度、半年、年度结束后，财务部门应根据单位的会计报表和有关资料，对资金、利润、费用、成本、盈亏等方面的情况进行综合分析，并检查和总结一个季度、半年或全年内企事业单位生产、经营、管理以及有关方针、政策、法律贯彻执行的全面情况，即为综合分析报告。

（4）业务分析报告。

业务主管部门对所属项目或业务的某些财务指标，采取对比分析的方式进行分析研究，找出差距，并剖析原因，以便改进。

（5）典型分析报告。

典型分析报告是对完成经济指标好的或差的典型单位，或对某些典型业务或产品，采取“解剖麻雀”的方法，有针对性地进行分析和研究，探求先进或落后的主客观原因，从而以小见大，推动全盘工作，从中吸取教训，防止同样情况的发生。

（二）写作格式

企业财务分析报告一般分为以下几部分来写：

（1）标题。

一般由“机关＋时期＋财务分析报告”构成。

（2）前言。

写明财务分析报告的撰写背景、种类、分析时间等。

（3）指标完成情况。

写明各财务指标的具体完成情况并作出相应分析。

（4）资金分析。

对资金的使用情况、周转情况作出分析。

（5）利润分析。

对分析时期内的利润进行分析。

(6) 建议。

针对目前存在的总是提出解决的办法，对未来财务发展提出建议。

（三）范例

皇城鞋业股份有限公司年度财务状况报告

我公司是2002年投资30万美元从美国引进一条高档运动鞋生产线发展的企业。经过6年的不懈努力，现有资产已经比初创时期增加9倍多。特别是2008年，由于公司按董事会的要求实现了“内抓管理，外抓市场，把产品推向国际市场，扩大出口，创汇380万美元”的目标，全年利税总额已比上年增长6.8倍，从而使公司得到了突破性的超常发展。

（一）生产经营情况（略）

（二）盈利及利润分析情况（略）

（三）资金周转情况（略）

（四）股本结构及其变动情况（略）

（五）主要税费的缴纳情况（略）

皇城鞋业股份有限公司

2008年12月31日

四、企业利润增长情况报告

（一）概述

利润增长情况报告主要是企业财务部门借助各种数据分析方面，在全面了解通过对本企业的利润增长情况后，对利润增长产品或业务作全面、系统的分析后，找到利润增长的原因，并据此提出今后企业发展计划和建议的报告书。

（二）写作格式

利润增长情况报告一般应包括标题、受文领导、正文、落款、成文时间等部分。

标题，由事由、文种组成；正文，主要写目前情况、存在的问题、今后的打算和意见；结尾可写明“请审阅”或“特此报告”等。

企业利润增长情况报告的正文内容应包括以下几点：

（1）利润增长的具体情况。

（2）利润增长的原因。

（3）以后的计划和建议。

（三）范例

关于企业利润增长情况的报告

销售部经理、总会计师：

经过技术改造和产品结构调整，2008 年我公司生产经营和财务状况有很大的好转。产值由降转升，产品销售收入稳步增长，上交税金与企业利润同步升高，全公司资金状况明显改善。全年收入和利润情况及利润增长的原因如下：

利润完成情况分析表

项　目	单位	××年	××年	××年	××年为上年%
1. 工业总产值	万元				
2. 销售收入	万元				
百元产值实现销售收入	元				
3. 企业利润	万元				
百元销售收入实现利润	元				
4. 税金	万元				
5. 利税总额	万元				
人均利税	元				
百元销售收入实现利润	元				

一、产值略有回升，销售收入由少转多

近两年，由于我公司处于技术改造阶段，2008 年全公司工业总产值仅为 180 万元，比上年增长 10%，同 2005 年相比仍减少 12%。但因调整产品结构初见成效，适销对路的新产品开始投放市场，所以产品销售收入已呈逐年上升的趋势。2008 年产品销售收入比 2007 年增长 9.6%，2007 年又比 2006 年上升了 8%。每百元产值实现的销售收入，本年达到 20 元，比 2007 年的 16 元增长 25%，销售收入增加的主要因素是：

1. 在我公司开发了昭阳、锐意、先基等五大类新产品之后，本年度国内市场销售收入净增 20 万元；

2. 昭阳、先基两大类新产品的出口交货值净增近 40 万元人民币。

二、利润总额增加，呈逐年稳步上升的态势

2008 年企业利税总额已达 16 万元，比上年增长 20.4%，人均利税由上年的 1 200 元上升到 1 600 元。其中，上交给国家的税金达到 14 万元，亦较上年增长 16.7%，而且连续三年来的情况表明上述几项指标也都呈逐年稳步上升的趋势。

三、企业利润开始与税金同步升高，自我发展能力正在逐步地增强

2008 年，企业利润达到了 120 万元，较上年增长 12%，同 2007 年相比则增长 18%。这个数额虽然距企业生产经营的实际需要相差甚多，但能有如此稳定上升的局面，在目前的工厂制造行业中已是相当难得的成果。这对于我公司逐步增强自我发展能力，提高生产经营的后劲，都将起到良好的推动作用。

纵观我公司 2008 年的生产经营形势，确有较大的改观，如在下一步企业改革中，确能摸准国内外市场信息，做到产品适销对路，质地精良，实现公司董事会提出的“把出口产品的比重由现在的 20% 扩大到 40% 左右，把盈利较大的新产品销售比重由现在的 15% 扩大到 30% 左右”的目标，那么我公司的经济效益和竞争能力可以得到更大的提高，企业利润也可以达到千万元以上。这样，我公司资金短缺的情况就能得到缓解，从而逐渐步入良性循环的发展阶段。

以上报告，供参考。

尚成公司财务部
2008 年 12 月 31 日

五、企业盈利状况报告

（一）概述

企业盈利状况报告是财务部门向企业决策部门提供的上行公文。

企业财务部门通过对本企业的盈利情况作系统、全面的了解，通过对现有财务数据的全面统计分析找出目前存在的问题和保有的优势，并作出未来的发展计划和相关建议。

（二）写作格式与内容

1. 写作格式

报告一般由标题、受文领导、正文、落款、成文时间等部分组成。

标题，由事由、文种组成；

正文，主要写目前情况、存在的问题、今后的打算和意见；

结尾可写“请审阅”或“特此报告”等。

2. 写作内容

企业盈利状况的报告一般包括以下内容。

（1）企业盈利概况，包括盈利的部门或业务盈利的多少、指标的完成情况等。

（2）影响盈利实现的因素。

（3）对盈利实现的建议。

（三）范例

关于企业盈利状况的报告

长江无线电厂长：

2008 年，由于我厂从多方面巩固了前几年技术改造中形成的卫星地面接收装置、雷达、雷达车厢、方舱、家电、电子应用多元化的生产新格局，企业活力逐步增强，全厂的生产、销售和经济效益都获得了一定的发展。但企业利润增加不多，资金紧缺的严重局面尚未得到缓解。

一、生产与销售的关系逐渐和谐

前几年，由于市场疲软，我厂曾一度出现过生产与销售不协调的现象：但经过技术改造和调整产品结构以后，实行了以销定产，现已形成产销比较和谐的发展局面。2008 年我厂工业总产值虽只实现 6 000 万元，较上年仅增加 8%，但产品销售收入却达到了 7 500 万元，比上年增长 6.4%。销售收入增加幅度大于产值，主要是因产品更新换代，将大部分产品改为适销对路的新产品所致。据计算，在本厂产品销售收入中，新产品销售所占的比重，2006 年为 58%；2007 年为 64%；2008 年则为 68%。其中，仅销售盈利较大的雷达车厢（××部）、卫星地面站装置（××部）即实现销售收入 4 600 万元，占全部销售收入的 75.4%。

年份	工业总产值（万元）	产品销售收入（万元）		产值实现销售收入（万元）
			新产品销售收入的比重（%）	
2006 年	5 214	6 800	58	91.5
2007 年	5 600	7 049	64	100.7
2008 年	6 000	7 500	68	102.5
2008 年为 2007 年的（%）	104.5	106.4	—	—

这表明我厂经过几年努力而形成的多元化生产新格局，基本上是适合市场需要的，并已初见成效。

二、利税总额逐年升高

2008 年，全厂利税总额共实现985 万元，较上年增长6.7%；百元销售收入实现的利税为29 元，比上年上升0.3 元，比技术改造的第一年则上升7 元多。在利税总额中，税金的比重和增长幅度均在逐步加大。详见下表：

年份	利税总额（万元）	百元销售收入实现的利税（元）	利税总额（万元）	占利税总额的比重（%）	企业利润
2006 年	872	28.7	412.5	47.5	214
2007 年	923	28.7	456.3	49.5	233
2008 年	985	29	490.5	49.8	247
2008 年为2007 年的（%）	106.7	—	107.5	—	106

三、企业留利增幅低缓

2008 年，企业留利共为247 万元，比上年仅增加14 万元，增长6%。企业留利增加数额不多，一方面是因生产和销售仍处于低速发展的状态；另一方面则是受税金增幅较大的影响。由于我厂生产的产品多数是属于技术含量高、占用资金多的产品，加上技术改造耗用资金数量较大，近几年的企业留利又多用于还债，故而资金紧缺的局面一直没有得到缓解。据计算，2008 年我厂的资产负债率为32.4%，仅比上年的32.3%下降0.1 个百分点。如果产品销路不能迅速打开，企业留利增幅不能加大，在物价上涨幅度较大的情况下，到期负债不能归还，企业在生产经营和资金周转上的困难还会进一步加剧。因此，如何发挥我厂技术装备良好的优势，生产更多的适销产品，努力提高盈利能力，仍是我厂亟待解决的一个根本问题。

长江无线电厂财务科

2008 年12 月31 日

六、企业资产评估报告

（一）概述

资产评估报告是评估机构提交的反映资产评估结果的书面报告，它是评估机构完成对资产的评估工作后，提交给委托方的公正性的工作报告，也是评估机构履行评估协议的成果，以及评估机构为资产评估项目承担法律责任的证明文件。

（二）写作格式与要求

1. 写作格式

资产评估报告一般包括标题、受文领导、正文、落款、成文时间等部分。

标题，由事由、文种组成；正文，主要写目前情况、存在的问题、今后的打算和意见。

2. 写作要求

资产评估报告必须满足以下三点要求：

（1）切忌从主观出发，用个人感情故意去夸大或缩小某些内容。评估资产价值要真实、客观、准确，做到评估有原则、计算有依据、方法合理、数据准确。

（2）文字说明与表格说明相结合。报告中对一些大的项目、重要的项目应做具体的文字说明；对一些小的项目，如流动资产的各项内容则可用表格将具体的数额、金额填入其中，做到简洁明了、有详有略、主次分明。

（3）语言准确严密。资产评估报告的语言运用具有法律用语的一般特征，因此，要善用定义法、限定法对有关概念加以明确。切忌模糊不清、存有歧义，以防产生误导。

资产评估报告是公司财务部门请资产评估机构对自己公司的整体资产进行的评估，因此其内容不需要过细，只要能反映本公司资产的大致情况就可以，后面须附有资产评估机构出具的评估报告书。

（三）范例

范例一：

北方豆制品有限公司资产评估报告

北方豆制品有限公司：

我所受贵公司的委托，从2007年12月10～25日，采用清点法对全公司资产进行了审计查证和评估，现将结果报告如下：

（一）流动资产查证情况。

截至2007年12月25日，贵公司流动资产总额为320万元，查证结果与账面数字完全相符，其中：

1. 货币资金：80万元；
2. 应收账款：90万元；
3. 预付账款：100万元；
4. 其他应收款：40万元；
5. 存货：10万元。

（二）固定资产查证情况。

按贵公司财务科账面记载的数额计算，固定资产净值为780万元；经过清点评估重新计价，认定其净值为795万元。其中：

1. 生产在用的固定资产为485万元，未使用的固定资产为×××万元；
3. 闲置未用的固定资产为110万元；
4. 待处理的固定资产为50万元；
5. 存货：150万元。

清点评估比账表已记载数多出15万元，主要是因为财务科账卡未将待处理固定资产残值计入账内。

（三）经过审计查证和评估，认定北方豆制品有限公司2007年12月25目的资产总额为1 100万元，比原账面数额增加100万元。

（四）负债查证情况截至2007年12月25日，贵公司财务科账面记载的流动负债总额为80万元；经审计查证与账面数额完全相符。其中：

1. 应付账款：120万元；
2. 应交税金：20万元；

3. 其他应付款：40 万元。

（五）所有者权益查证情况。

经审计查证，认定贵公司所有者权益为 80 万元，比原账面的 74 万元增加 6 万元。其中：

1. 实收资本：60 万元；

2. 盈余公积：9 万元；

3. 未分配利润：11 万元。

阳关市审计师事务所

2008 年 12 月 20 日

范例二：

广州银山建设开发公司倚绿山庄综合楼
资产评估报告书

（2003）羊评字第 1514 号

广州羊城会计师事务所有限公司接受广州银山建设开发公司的委托，根据国家有关资产评估的规定，本着客观、独立、公正、科学的原则，按照公认的资产评估方法，对广州银山建设开发公司为抵债所涉及的倚绿山庄 D 组团综合楼四、五、六层建成后的房地产进行了评估。本所评估人员按照必要的评估程序对委托评估的资产实施了实地查勘、市场调查与询证，对委估资产在二〇〇三年九月三十日所表现的市场价值作出了公允反映。现将资产评估情况及评估结果报告如下：

一、资产占有方企业概况

广州银山建设开发公司（以下简称公司或企业）是经广州市工商行政管理局于一九九三年九月二十五日批准成立的股份制公司。注册号：4401011303615 号；注册资本：叁仟万元人民币；住所：广州市白云区同和镇白云山制药股份有限公司内；法定代表人：王永海；经营范围：主营：土地开发、房地产经营（二级）。兼营：批发、零售建筑材料。

二、评估目的

本项目资产评估，其评估结果作为广州银山建设开发公司抵债计算资产价值的参考依据。

三、评估的范围和对象

本项目资产评估的范围和对象是广州银山建设开发公司倚绿山庄D组团综合楼四、五、六层建成后的总建筑面积4883.23平方米的房地产。评估对象综合楼为在建工程，总楼层五层、部分六层，现结构已完成，外墙装修基本完成，建成后装有电梯二部。综合楼首层、二层为商业，三四层为办公，五层为会所。纳入评估范围的资产与委托评估确定的资产范围一致。

四、评估基准日

根据评估目的并与委托方商定，本项目资产评估基准日为二〇〇三年九月三十日。我所对委托评估的资产，其评估值是以二〇〇三年九月三十日的价格标准为作价依据。

五、评估原则

（一）遵循独立性、客观性、科学性和专业性等工作原则；

（二）遵循替代原则，以委估资产的价值不明显偏离类似资产在同等条件下的正常价格为前提进行评估；

（三）遵循合法原则，以委估资产的合法使用、合法处分为前提进行评估；

（四）遵循持续经营原则，以委估经营实体持续经营为前提进行评估。

六、评估依据

（一）行为依据（略）

（二）法规依据（略）

（三）产权依据（略）

（四）取价依据（略）

七、评估方法

根据评估对象的类别、性质及评估目的，本项目采用收益法进行评估。根据被评估的房地产所在地经营和租赁市场情况，将被评估的房地产竣工建成后的总收益扣除维修费、管理费、税金、保险费等支出，得出该房地产的净收益，选用适当的资本化率，经计算取该房地产建成后的评估值。

八、评估过程

整个评估项目经过了接受委托、资产清查、评定估算、评估汇总、提交报告等过程，具体过程如下：

（一）接受委托（略）

（二）资产清查（略）

（三）评定估算（略）

（四）评估汇总及提交报告（略）

九、评估结论

综上所述，广州银山建设开发公司的部分资产评估结果为人民币贰仟捌佰叁拾肆万柒仟壹佰伍拾元整（¥28 347 150.00）。

十、特别事项说明

（一）评估对象为——在建工程，结构、外装修等已基本完工，尚未竣工验收，本评估报告的评估值为评估对象竣工建成后的房地产价值。

（二）评估对象的建筑面积由委托方提供，尚未经房地产测绘部门测绘，当测绘后的建筑面积与委托方提供的面积不符时，需作相应的调整。

以上两点特别事项说明，我们提请本报告使用者引起特别注意。

十一、期后重大事项

在评估基准日后至评估报告提出日之间，本所未发现存在期后重大事项。

十二、评估报告的法律效力（略）

十三、评估报告提出日期

本报告的提出日期为二〇〇三年十月十三日。

附件：

1. 广州银山建设开发公司资产评估明细表共一页；
2. 广州银山建设开发公司企业法人营业执照共一页；
3. 委托方及评估机构承诺函共二页；
4. 广州市“商品房预售许可证”、中华人民共和国“国有土地使用证”、“建设工程规划许可证”复印件共五页；
5. 广州羊城会计师事务所有限公司营业执照复印件共一页；
6. 广州羊城会计师事务所有限公司“资产评估资格证书”复印件共一页；
7. 广州羊城会计师事务所有限公司“从事证券业务资产评估的许可证”复印件共一页；
8. 评估人员执业资格证书复印件共二页；
9. 评估对象照片共二页。

广州羊城会计师事务所有限公司

法定代表人：中国注册资产评估师 陈雄溢

中国注册资产评估师 何建阳

中国注册资产评估师 沈建英

二〇〇三年十月十三日

七、查账报告书

（一）概述

查账报告书是指财务人员对被查企业或部门进行查账并向有关单位报告查账经过和结果的书面文件。

（二）写作格式

1. 标题

标题一般由单位名称、事项和文种构成。

2. 正文

正文内容应包括依据、被查单位概况、查账范围和要求、查出的事实建议等。

3. 结尾

结尾应注明查账单位、人员、时间、附件等。

（三）范例

关于××厂违反财经纪律的查账报告

对于公司所属××厂违反财经纪律一事，经组织上决定，由财务部门和政工部门联合进行检查。除政治思想、领导作风方面另有报告外，兹将查核该厂账目凭证中设计财经纪律的问题报告如下：

一、反价格政策，商品变相涨价。

该厂生产的甲种产品，分为一级、二级，均由商业部门统购统销，核定出厂价为一级每百斤400元，二级每百斤350元。自去年5月份起，该厂以生产特级产品为名，报请核价为每百斤450元。经查阅原料配方，核计原料成本，所谓“特级”，实际上是一级。至12月止，共生产75万斤，每百斤提价50元，获得额外利润375 000元。同时又降低一二两级产品的质量，以显示“特级”的质量。从原料配方中查明，由于改变原料成分，一级产品的原料成本每百斤降低15元，二级产品每百斤降低8元。从5～12月，生产一级产品42万斤，二级产品38万斤，从原料成本的降低上，取得额外利润93 400元。

该厂19××年计划利润为1 300 000元，实际为1 756 000元，减除变相涨价取得的利润468 400元，实际利润为1 287 600元，完成计划的99%左右；但按1 756 000元计算，则超额了35%，并由此取得超计划利润留成45 600元。

二、超过制度规定，滥发资金。

该厂取得上述超计划利润提成后，就以奖金不封顶为名，给全厂职工250人每人增发奖金100元。其余206 000元，虽已转做职工福利基金，但于今年3月间委托某电扇厂加工12寸台电扇250台，按出厂价100元计算，该厂即以半价售与职工，每人一台。不足之款12 500元，在职工福利基金项下列支，把变相涨价取得而留成的钱，尽量发给个人。

三、在商品销售上，搞不正之风。

从销售发票上查明，该厂在商品销售上有慷国家之慨，与有关企业搞互利的情况。如代该厂加工台扇的某电扇厂，就从该厂购买特级产品5 000斤，但按二级产品的出厂价计算。其他以类似方式售与各关系户的商品也在4 000斤左右，使国家损失利税达10 000元左右。

上述各点充分说明该厂领导思想上不重视遵守财经纪律。财会人员没有尽到财务监督的责任。对于商品变相涨价、滥发奖金、折价售予关系户等，财会人员事前既未抵制事后也不向上级反映，反而在财务报告的说明中，夸耀企业经营成绩与财务成果。对与企业以不正当的手法获得额外利润，却只字不提，显有失职之处，为了防止今后发生类似事件，发挥财会工作的把关作用，拟请组织上派员加强该厂财会领导工作。至于已发的奖金，涉及职工群众利益的问题，应如何处理，请领导研究决定。

××公司财会部门查账员××

××年×月×日

八、企业财务评价

（一）概述

企业财务评价是指企业运用有关的财务指标，对本企业一定时期内具有的偿债能力、运营能力、盈利能力等财务状况、经营成果所作的自我总结和自我评价。

（二）写作格式

1．标题

标题通常由企业名称和文种（财务评价）组成。

2．正文

（1）开头。

开头通常采用概述式开头或结论式开头的写法。

（2）主体。

主体通常是按偿债能力评价、运营能力评价、盈利能力评价写成三大段。

（3）结尾。

结尾有的可以根据企业偿债能力、运营能力、盈利能力的变动趋势展望前景，也可不写结尾。

3．落款

（1）编制评价书的企业名称。

（2）编制评价书的日期。

（三）范例

×××企业财务评价

×××年，××工程总公司按照××的宗旨，抓住改革开放步伐加快的有利时机，努力发挥企业的技术优势，积极拓展装修业务，形成了从建筑工程设计、施工到建筑材料用品配套供应“一条龙”服务的经济实体。全年为国内外客户装修了××项工程，取得了较好的经营业绩。建筑工程质量良好，使公司知名度和竞争力进一步提高，公司的盈利能力、营运能力和自我发展能力均有所增强。

一、盈利能力分析

××××年，公司的工程结算收入共达××万元，比上年的××万元增长××%；实现利税××万元，比上年的××万元增长××%。据此计算，销售利税率达到××%，比上年的××%提高××个百分点；资本金利润率达到××%，比上年的××%提高××个百分点；资产报酬率达到××%，比上年的××%提高××个百分点。这表明，企业的盈利能力已比前两年有较大的提高，但与同行业中某些高效益的大型装饰工程企业相比，本公司仍未打开“低效益”的局面。

项　　目	××××年
（1）销售利税率（%）	×××
利税总额（万元）	×××
工程结算收入（万元）	×××
（2）资本金利润率（%）	×××
利润总额（万元）	×××
资本金总额（万元）	×××
（3）资产报酬率（%）	×××
利润总额（万元）	×××
平均资产（万元）	×××
（4）资产净利率（%）	×××
税后利润（万元）	×××
资产总额（万元）	×××

二、营运能力分析

××××年，公司通过提高机械化作业水平，加快施工进度，缩短工期，控制、压缩存货，减少资金占用和损失浪费，企业营运资本周转率和存货周转率都有一定的提高。

（一）营运资本周转率

公司本年的营运资本为××万元，比上年的××万元增长××%；营运资本周转率为××次，比上年的××次提高××次。

项　目	××××年	××××年
工程结算收入（万元）	×××	×××
年初营运资本（万元）	×××	×××
年末营运资本（万元）	×××	×××

上年营运资本周转率＝工程结算收入÷（年初营运资本＋年末营运资本）÷2

＝××本年营运资本周转率

＝××

（二）存货周转率

公司本年的存货周转率达到××次，比上年××次提高××次；存货周转天数已由上年的××天缩为××天，缩短××天。

项　目	××××年	××××年
存货周转率（次）	×××	×××
销货成本（万元）	×××	×××
平均存货（万元）	×××	×××

上年存货周转天数＝360÷存货周转率

＝××天

本年存货周转天数＝××天

三、偿债能力分析

××××年，由于公司的盈利增多，负债减少，企业的偿债能力也有明显的变化。

（一）长期偿债能力

截至年末，公司的资产总额为××万元，比上年的××万元增长××%；负债总额为××万元，比上年略有减少。按此计算，资产为负债的××倍，资产负债率已由上年的××%降至××%。这表明，公司的长期偿债能力较强，负债经营的程度也是不高的。

项　　目	××××年	××××年
资产负债率（%）	×××	×××
负债总额（万元）	×××	×××
资产总额（万元）	×××	×××

（二）短期偿债能力

截至年末，公司的流动比率为X∶Y，速动比率为X∶Y，均比上年有较大的提高，并已达到正常的比值。

项　　目	××××年	××××年
（1）流动比率	×××	×××
流动资产（万元）	×××	×××
流动负债（万元）	×××	×××
（2）速动比率	×××	×××
速动资产（万元）	×××	×××
流动负债（万元）	×××	×××

××工程总公司

××××年×月